Un mundo mejor para nuestros hijos

NEFELIBATA

BARACK OBAMA

Un mundo mejor para nuestros hijos

Discursos 2009-2016

Traducción de Miguel Alpuente
y Gemma Deza

Duomo ediciones

Barcelona, 2020

© de esta edición, 2017 por Antonio Vallardi Editore S.u.r.l., Milán
© de la traducción, 2017 por Miguel Alpuente Civera y Gemma Deza Guil

Todos los derechos reservados

Primera edición: enero de 2017
Segunda edición: noviembre de 2020

Duomo ediciones es un sello de Antonio Vallardi Editore S.u.r.l.
Av. del Príncep d'Astúries, 20, 3.º B. Barcelona, 08012 (España)
www.duomoediciones.com

Gruppo Editoriale Mauri Spagnol S.p.A.
www.maurispagnol.it

ISBN: 978-84-18128-96-7
Código IBIC: DN
DL B 23978-2016

Diseño de interiores:
Agustí Estruga

Composición:
Grafime. Mallorca, 1. Barcelona 08014 (España)
www.grafime.com

Impresión:
Grafica Veneta S.p.A. di Trebaseleghe (PD)
Impreso en Italia

ÍNDICE

20 de enero de 2009
Discurso inaugural del Presidente Barack Obama . . .   11

22 de abril de 2010
Discurso del Presidente sobre la reforma
de Wall Street   20

11 de septiembre de 2010
Discurso del Presidente en el Pentagon Memorial . . .   33

12 de enero de 2011
Discurso del Presidente en la ceremonia en memoria
de las víctimas del tiroteo de Tucson, Arizona   38

2 de mayo de 2011
Declaraciones del Presidente sobre la muerte
de Osama bin Laden   48

16 de octubre de 2011
Discurso del Presidente en la inauguración
del monumento conmemorativo de
Martin Luther King, Jr.   54

6 de septiembre de 2012
Discurso del Presidente en la Convención
Nacional Demócrata   63

7 de noviembre de 2012
Discurso del Presidente en la noche
de las elecciones 81

21 de enero de 2013
Segundo discurso inaugural
del Presidente Barack Obama 90

19 de junio de 2013
Discurso del Presidente Obama
en la Puerta de Brandeburgo 99

26 de marzo de 2014
Discurso del Presidente dirigido
a la juventud europea 112

10 de septiembre de 2014
Declaraciones del Presidente
sobre el Estado Islámico. 127

23 de septiembre de 2014
Discurso del Presidente en la Cumbre
sobre el Cambio Climático en la ONU 135

20 de noviembre de 2014
Discurso del Presidente a la nación
sobre la inmigración. 142

7 de marzo de 2015
Discurso del Presidente con ocasión del
50.º aniversario de las marchas de Selma
a Montgomery 151

28 de julio de 2015
Discurso del Presidente Obama
al pueblo africano 166

17 de enero de 2016
Declaraciones del Presidente sobre Irán. 189

28 de julio de 2016
**Discurso del Presidente
en la Convención Nacional Demócrata** 197

20 de septiembre de 2016
**Discurso del Presidente Obama en la LXXI Sesión
de la Asamblea General de las Naciones Unidas** 216

9 de noviembre de 2016
**Declaraciones del Presidente sobre
la victoria de Donald Trump** 238

20 de enero de 2009

DISCURSO INAUGURAL
DEL PRESIDENTE BARACK OBAMA

Capitolio de los Estados Unidos
Washington, D. C.

Queridos conciudadanos:

Me presento hoy aquí con humildad ante la tarea que nos aguarda, agradecido por la confianza que me habéis otorgado, consciente de los sacrificios que hicieron nuestros antepasados.

Doy las gracias al presidente Bush por los servicios prestados a la nación *[aplausos]* y por la generosidad y la cooperación que ha mostrado durante el periodo de transición.

Hasta hoy, cuarenta y cuatro estadounidenses han prestado juramento presidencial. Las palabras que lo componen han sido pronunciadas en tiempos de torrencial prosperidad y cuando reinaba el agua mansa de la paz. Sin embargo, en ocasiones, el juramento ha debido prestarse entre nubes amenazadoras y violentas tempestades. En estos momentos, los Estados Unidos siguen perdurando no solo por la capacidad o la visión de sus mandatarios, sino porque nosotros, el pueblo, nos hemos mantenido fieles a los ideales de nuestros antecesores y a nuestros documentos fundacionales.

Así fue en el pasado y así debe seguir siendo con esta generación de estadounidenses.

Bien sabemos que estamos en medio de una crisis. Nuestra nación se halla en guerra contra una red de violencia y odio de muy amplio alcance. Nuestra economía se ha debilitado mucho como consecuencia de la avaricia y la irresponsabilidad de algunos, pero también por nuestra incapacidad colectiva a la hora de tomar decisiones difíciles y preparar a la nación para una nueva era. Se han perdido hogares, destruido puestos de trabajo, cerrado empresas. Nuestra sanidad es demasiado cara; nuestras escuelas defraudan las expectativas de demasiada gente, y cada día se hace más evidente que el modo en que consumimos energía refuerza a nuestros adversarios y supone una amenaza para el planeta.

Estos son los indicadores de la crisis, según los datos y las estadísticas. Menos mesurable, pero no menos profunda, es la pérdida de confianza en todo nuestro territorio; el inquietante temor de que el declive del país resulte inevitable, de que la próxima generación deba rebajar sus miras de futuro.

Hoy os digo que los desafíos que tenemos ante nosotros son reales. Son graves, y muchos. No se resolverán fácilmente, ni en un corto periodo de tiempo. Pero que no te quepa duda, América: los resolveremos. *[Aplausos.]*

En este día, estamos aquí reunidos porque hemos elegido la esperanza y no el miedo, la unidad de propósito y no el conflicto y la discordia. En este día, venimos a proclamar el fin de las quejas mezquinas y las falsas promesas, de las recriminaciones y los dogmas caducos que durante demasiado tiempo han ahogado nuestra política. Seguimos siendo una nación joven. Pero, como dicen las Sagradas Escrituras, ha llegado la hora de dejar a un lado las cosas de niños. Ha llegado la hora de reafirmar nuestro ánimo infatigable, de elegir lo mejor de nuestra historia, de llevar adelante ese don preciado, el noble ideal transmitido de generación en generación: la promesa divina de que todos somos iguales, de que todos somos libres y merecemos la oportunidad de perseguir la mayor felicidad posible. *[Aplausos.]*

Al reafirmar la grandeza de esta nación, sabemos que la grandeza nunca es un regalo. Debemos ganárnosla. En nuestro viaje nunca ha habido atajos ni nos hemos conformado con menos de lo debido. No ha sido un camino para pusilánimes, para los que prefieren el ocio al trabajo, o para los que solo buscan los placeres de la riqueza y de la fama. Al contrario, han sido los que se arriesgan, los que actúan y construyen –algunos de ellos célebres, pero con mayor frecuencia hombres y mujeres de labor oscura– quienes nos han sostenido en la larga y dura senda hacia la prosperidad y la libertad.

Por nosotros, esas personas empaquetaron sus escasas posesiones y cruzaron océanos en busca de una nueva vida. Por nosotros, soportaron las peores condiciones de trabajo en las fábricas y colonizaron el Oeste, resistieron el restallido del látigo y araron la dura tierra. Por nosotros, pelearon y murieron en lugares como Concord y Gettysburg, Normandía y Khe Sanh.

Una y otra vez, aquellos hombres y mujeres lucharon, se sacrificaron y trabajaron hasta desollarse las manos para que nosotros tuviéramos una vida mejor. Para ellos, los Estados Unidos eran algo más grande que la suma de las ambiciones individuales, más grande que todas las diferencias por nacimiento, riqueza o ideología.

Ese es el viaje que continuamos hoy. Seguimos siendo la nación más próspera y poderosa de la Tierra. Nuestros trabajadores no son menos productivos ahora que cuando comenzó esta crisis. Nuestras mentes no son menos creativas, nuestros bienes y servicios no resultan menos necesarios que la semana pasada, o que el mes o el año pasado. Nuestra capacidad no ha sufrido merma ninguna. Pero el tiempo del inmovilismo, de proteger los intereses de unos pocos y aplazar las decisiones ingratas, ese tiempo sin duda ha pasado. A partir de hoy, debemos levantarnos, quitarnos el polvo y comenzar de nuevo a reconstruir los Estados Unidos de América. *[Aplausos.]*

Porque allí donde miremos, hay trabajo que hacer. El estado de la economía exige medidas valientes e inmediatas. Y tomaremos esas medidas no solo para crear trabajo, sino para afianzar una nueva base de crecimiento. Construiremos las carreteras y los puentes, las redes eléctricas y líneas digitales que nutren el comercio y nos unen a todos. Le devolveremos a la ciencia el lugar que le corresponde, y emplearemos las maravillas de la tecnología para elevar la calidad de la asistencia médica y rebajar su coste. Aprovecharemos el sol y el viento y el suelo para alimentar los automóviles y hacer funcionar las fábricas. Y transformaremos las escuelas y las universidades para adecuarlas a las exigencias de una nueva era. Podemos hacer todo eso. Y lo haremos.

Ciertamente, hay quienes cuestionan la magnitud de nuestras ambiciones, quienes sugieren que nuestro sistema no es capaz de soportar demasiados grandes planes. Son personas de corta memoria, porque han olvidado lo que ya ha hecho este país, lo que los hombres y las mujeres libres pueden lograr cuando a la imaginación se le suma el propósito común, o a la necesidad, el valor. Lo que esos derrotistas no entienden es que el terreno que pisan ha cambiado, que las vetustas disputas políticas que nos han consumido durante tanto tiempo ya no son válidas hoy.

La pregunta que nos hacemos hoy no es si nuestro gobierno trata de hacer demasiado o demasiado poco, sino si realmente funciona: si ayuda a que las familias encuentren trabajo y ganen un sueldo decente, si les proporciona una sanidad que puedan pagar o una jubilación digna. En los ámbitos en los que la respuesta sea sí, intentaremos seguir mejorando. Cuando la respuesta sea no, se pondrá fin a esos programas.

Y aquellos de nosotros que gestionamos los fondos públicos deberemos rendir cuentas: gastar con sensatez, reformar los malos hábitos y hacer las cosas a la vista de todos, porque solo así podremos restaurar la imprescindible confianza entre el pueblo y su gobierno.

Tampoco nos preguntamos si el mercado es una fuerza beneficiosa o perjudicial. Su capacidad de generar riqueza y extender la libertad es inigualable. Pero esta crisis nos ha recordado que si no lo vigilamos muy de cerca, el mercado puede descontrolarse. La nación no es capaz de prosperar durante mucho tiempo si solo favorece a los que ya son prósperos. El éxito de nuestra economía siempre ha dependido no solo del tamaño de nuestro producto interior bruto, sino del alcance de nuestra prosperidad, de la capacidad de ofrecer una oportunidad a cada persona deseosa de dar lo mejor de sí misma; y ofrecérsela no por caridad, sino porque ese es el mejor camino hacia el bien común. *[Aplausos.]*

En cuanto a nuestra defensa común, rechazamos como falsa la disyuntiva entre nuestra seguridad y nuestros ideales. Nuestros Padres Fundadores *[aplausos]*... Nuestros Padres Fundadores, enfrentados a peligros que apenas si podemos imaginar, redactaron una carta para garantizar el imperio de la ley y los derechos del hombre, una carta ampliada con la sangre de las sucesivas generaciones. Aquellos ideales iluminan al mundo todavía hoy, y no renunciaremos a ellos por oportunismo. *[Aplausos.]*

Así pues, a todos los pueblos y gobiernos que hoy nos observan, desde las más grandes capitales hasta la pequeña aldea en la que nació mi padre, les digo que Estados Unidos es amigo de cada nación, de cada hombre y mujer y niño que anhela un futuro en paz y una vida digna. Y que nosotros estamos preparados para servir de guía en ese empeño. *[Aplausos.]*

Recordad que las generaciones precedentes se enfrentaron al fascismo y al comunismo no solo con misiles y tanques, sino con sólidas alianzas y convicciones imperecederas. Ellos entendieron que nuestro poderío, por sí solo, no basta para protegernos, y que tampoco nos da derecho a hacer lo que queramos. Sabían que ese poderío es mayor si lo usamos prudentemente, que nuestra seguridad emana de la justicia de nuestra causa, de la fuerza de nuestro ejemplo y de la templanza de cualidades como la humildad y la contención.

Nosotros somos los depositarios de ese legado. Guiados una vez más por esos mismos principios seremos capaces de superar las nuevas amenazas que nos exigen un mayor esfuerzo, más cooperación y más entendimiento entre las naciones. De modo responsable, dejaremos Irak en manos de su pueblo y forjaremos una paz duramente ganada en Afganistán. Junto con viejos aliados y antiguos enemigos, trabajaremos sin desmayo para reducir la amenaza nuclear y hacer que retroceda el fantasma del calentamiento global.

No vamos a pedir disculpas por nuestro modo de vida, ni vacilaremos en defenderlo. Y a aquellos que pretenden alcanzar sus objetivos sembrando el terror y asesinando inocentes, les decimos ahora que nuestro espíritu es más fuerte y no puede quebrarse: no perduraréis más que nosotros, y os derrotaremos. *[Aplausos.]*

Porque sabemos que en nuestra herencia plural hay fuerza, no debilidad. Somos una nación de cristianos y musulmanes, de judíos e hindúes, y de no creyentes. Nos han modelado lenguas y culturas procedentes de todos los rincones de la Tierra; y porque hemos probado el amargo sabor de la guerra civil y la segregación, y emergido tras ese amargo capítulo más fuertes y unidos, solo podemos creer que los viejos odios pasarán algún día; que las fronteras entre las tribus se disolverán pronto; que a medida que el mundo se hace más pequeño, nuestra común humanidad quedará de manifiesto; y que los Estados Unidos deben cumplir su papel para marcar el inicio de una nueva era de paz. Al mundo musulmán: os digo que buscamos una nueva vía de futuro basada en el interés y respeto mutuos. A los líderes de cualquier lugar del mundo que pretenden sembrar la discordia, o culpar a Occidente de los males de su sociedad, les digo esto: vuestro pueblo os juzgará por lo que seáis capaces de construir, no por lo que destruyáis. *[Aplausos.]*

A aquellos que para aferrarse al poder se valen de medios corruptos y engañan y silencian cualquier voz discrepante: sabed que estáis en el lado equivocado de la historia, pero que os tenderemos la mano si estáis dispuestos a abrir el puño. *[Aplausos.]*

A las gentes de las naciones pobres: nos comprometemos a trabajar codo con codo para lograr que vuestras granjas florezcan y las aguas fluyan limpias, a alimentar los cuerpos desnutridos y las mentes hambrientas. Y a aquellos países como el nuestro que gozan de una relativa abundancia, les decimos que ya no podemos permanecer indiferentes al sufrimiento que existe más allá de nuestras fronteras, ni podemos seguir consumiendo los recursos del planeta sin preocuparnos por las consecuencias. Porque el mundo ha cambiado y nosotros debemos cambiar con él.

Mientras calibramos el cometido que se nos presenta en el futuro, recordamos con humilde gratitud a aquellos valerosos compatriotas que en este mismo instante patrullan por lejanos desiertos y montañas remotas. Tienen algo que decirnos, del mismo modo que los héroes caídos que descansan en Arlington nos susurran a través del tiempo.

Les rendimos homenaje no solo porque sean los guardianes de nuestra libertad, sino porque ellos encarnan el espíritu de sacrificio, la voluntad de hallar significado en algo mayor que ellos mismos. Y, sin embargo, en este momento, un momento que definirá una generación, es precisamente ese espíritu el que debe habitar en todos nosotros. Porque, por mucho que el Gobierno pueda hacer, y debe hacer mucho, en última instancia es la fe y la determinación del pueblo estadounidense lo que sustenta a esta nación. Es la bondad para acoger al extraño cuando se rompen los diques, o la generosidad de los trabajadores que acortan sus jornadas laborales para que un compañero no pierda el trabajo: eso es lo que nos hace superar nuestros peores momentos. Es el valor del bombero que se precipita por unas escaleras llenas de humo, pero también la voluntad de los padres de alimentar a su hijo; son ese tipo de cosas las que finalmente deciden nuestro destino.

Quizá los retos que nos aguardan sean nuevos. Quizá lo sean también los instrumentos que emplearemos para superarlos. Pero los valores de los que depende nuestro éxito –la honradez y el esfuerzo, la valentía y el juego limpio, la tolerancia y la curiosidad, la lealtad y el patriotismo–, esos principios son antiguos. Y son algo real. Han constituido una serena fuerza de progreso a lo largo de nuestra historia.

Lo que ahora se requiere, por tanto, es volver a esas verdades. Lo que se requiere de nosotros es una nueva era de responsabilidad, que todos y cada uno de los estadounidenses reconozcamos que tenemos deberes para con nosotros mismos, nuestra nación y el mundo; deberes que no aceptamos de mal grado, sino que asumimos gustosamente, porque tenemos la firme convicción de que nada hay más satisfactorio para el espíritu, o que defina mejor nuestro carácter, que dar lo mejor de nosotros frente a una tarea difícil.

Este es el precio y la promesa que entraña ser ciudadano. Esta es la fuente de la que emana nuestra confianza: del convencimiento de que Dios nos pide que marquemos el rumbo en un destino incierto. Este es el significado de nuestra libertad y nuestro credo, la razón de que hombres, mujeres y niños de todas las razas y religiones puedan reunirse en común celebración en este magnífico parque del Mall; y la razón de que un hombre a cuyo padre quizá no le habrían servido en los restaurantes locales hace menos de sesenta años pueda ahora presentarse ante vosotros para prestar el más sagrado de los juramentos. *[Aplausos.]*

Señalemos, pues, este día con el recuerdo de quiénes somos y de lo lejos que hemos llegado. El año del nacimiento de los Estados Unidos, en el mes más frío, un puñado de patriotas se apretaban alrededor de hogueras medio apagadas a orillas de un río helado. La capital estaba abandonada. El enemigo avanzaba. La nieve estaba manchada de sangre. En el momento en que el resultado de nuestra revolución era más incierto, el padre de nuestra nación ordenó que se leyeran estas palabras al pueblo: «Cuéntese al mundo venidero... que en lo más crudo del invierno, cuando lo único que podía sobrevivir eran la esperanza y la virtud... la ciudad y el campo, alarmados ante un peligro común, salieron a hacerle frente».

América: ante los peligros comunes de hoy, en este invierno de adversidad, recordemos estas palabras intemporales. Con esperanza y virtud, hagamos de nuevo frente a las corrientes heladas y resistamos las tormentas futuras. Que los hijos de nuestros hijos puedan decir que, cuando fuimos puestos a prueba, nos negamos a dar por zanjado este viaje, que no nos dimos la vuelta ni flaqueamos; y que, con los ojos puestos en el horizonte y la gracia de Dios en nosotros, seguimos llevando adelante el gran regalo de la libertad y lo entregamos sano y salvo a las generaciones futuras.

Gracias. Dios os bendiga. Y Dios bendiga a los Estados Unidos de América. *[Aplausos.]*

22 de abril de 2010

DISCURSO DEL PRESIDENTE
SOBRE LA REFORMA DE WALL STREET

Cooper Union College,
Nueva York, Nueva York

EL PRESIDENTE: Muchas gracias. Por favor, tomen todos asiento. Muchas gracias. Gracias. Es una alegría volver. *[Aplausos.]* Es una alegría volver a Nueva York y a este salón de actos de la Cooper Union. *[Aplausos.]*

Nos acompañan algunos invitados especiales a los que me gustaría dar las gracias. La congresista Carolyn Maloney está presente en la sala. También el gobernador David Paterson. *[Aplausos.]* El fiscal general Andrew Cuomo. *[Aplausos.]* El fiscal de cuentas del Estado de Nueva York, Thomas DiNapoli. *[Aplausos.]* El alcalde de la ciudad de Nueva York, Michael Bloomberg. *[Aplausos.]* George Campbell, Jr., rector de la Universidad Cooper Union. *[Aplausos.]* Y todos los cargos públicos de la ciudad aquí presentes. Muchas gracias por asistir a este acto.

Es maravilloso estar de vuelta en la Cooper Union, donde generaciones de líderes y ciudadanos han defendido sus ideas y discutido sus diferencias. También me alegra estar de vuelta en el Bajo Manhattan, a pocas manzanas de Wall Street. *[Risas.]* Es de verdad un placer regresar aquí, porque Wall Street constituye el corazón del sector financiero de la nación.

Ahora bien, desde la última vez que hablé en este lugar, hace dos años, nuestro país ha experimentado terribles sufrimientos. Más de ocho millones de personas han perdido su trabajo. Son incontables los pequeños negocios que han debido cerrar sus puertas. Se han perdido billones de dólares en ahorros, lo que ha obligado a que trabajadores veteranos aplacen su jubilación, a que los jóvenes pospongan su entrada en la universidad o a que los emprendedores renuncien a su sueño de fundar su propia empresa. Y, como nación, nos hemos visto obligados a adoptar medidas sin precedentes para rescatar el sistema financiero y el conjunto de la economía.

Como resultado de nuestras decisiones –algunas de las cuales, admitámoslo, han sido muy impopulares–, empezamos a vislumbrar signos esperanzadores. Hace poco más de un año, perdíamos una media de 750.000 trabajos al mes. Hoy, en Estados Unidos se crea de nuevo trabajo. Hace un año, nuestra economía menguaba con rapidez. Hoy la economía crece. De hecho, hemos asistido a la más rápida reactivación del crecimiento económico en casi tres décadas.

Pero si ustedes y yo estamos hoy aquí es porque queda más trabajo por hacer. Hasta que estos avances sean perceptibles no solo en Wall Street sino también en la calle, no podemos darnos por satisfechos. Hasta que no encuentren trabajo los millones de conciudadanos que lo buscan, y hasta que los salarios no crezcan a un ritmo significativo, quizá podamos hablar de una recuperación técnica, pero esa recuperación no será real. No solo eso, sino que mientras tratamos de reactivar la economía, tenemos el deber de reconstruirla más sólidamente que antes. No deseamos una economía con las mismas debilidades que condujeron a esta crisis. Eso implica, en primer lugar, que debemos abordar algunos de los problemas subyacentes que tantos estragos y tantas convulsiones han causado. Sabemos que uno de los factores que más ha contribuido a esta recesión ha sido la más grave crisis financiera que hayamos conocido en muchas generaciones, al menos desde la década de los treinta. Esta crisis tuvo su origen en una falta de responsabilidad –que empieza por Wall Street y llega hasta Washington– que hizo caer a muchas de las más grandes entidades financieras del mundo y que casi arrastra nuestra economía a una segunda Gran Depresión.

Se trata de la misma falta de responsabilidad a la que me referí cuando vine a Nueva York hace más de dos años, cuando lo peor de la crisis todavía estaba por llegar. Fue en el año 2007. Y para mí no es ninguna alegría constatar que mis comentarios de entonces se vieran en gran medida confirmados por los acontecimientos que siguieron. Pero repito lo que dije entonces, puesto que es esencial que extraigamos las lecciones pertinentes de esta crisis, para que no nos veamos abocados a repetirla. Porque nadie debe llamarse a engaño: eso es exactamente lo que ocurrirá si dejamos escapar este momento, y un desenlace semejante es inaceptable para mí y también para ustedes, que son el pueblo de los Estados Unidos. *[Aplausos.]*

Como dije en este mismo escenario hace dos años, creo en las capacidades del libre mercado. Creo en un sector financiero fuerte que ayude a que la gente obtenga capital y préstamos e invierta sus ahorros. Es parte de lo que ha hecho a Estados Unidos lo que es hoy. Pero el libre mercado nunca ha consistido en la libre licencia para coger todo lo que puedas y de la manera que puedas. Y eso fue lo que ocurrió demasiado a menudo en los años que precedieron a esta crisis. Hubo algunos en Wall Street –no todos, quiero dejarlo claro– que olvidaron que tras cada dólar negociado o apalancado hay una familia que quiere comprar una casa, pagar una educación, abrir un negocio o ahorrar para la jubilación. Lo que sucede en Wall Street tiene consecuencias reales para todo el país, para toda nuestra economía.

Ya he mencionado antes la necesidad de construir unos

nuevos cimientos para el crecimiento económico del siglo XXI. Y, dada la importancia del sector financiero, la reforma de Wall Street constituye una parte absolutamente crucial de esos cimientos. Si no se lleva a cabo, nuestra casa seguirá asentada sobre arenas movedizas, y nuestras familias, nuestros negocios y la economía global serán vulnerables a las crisis futuras. Por ello, creo muy sinceramente que necesitamos introducir un conjunto de normas modernas y racionales para garantizar la transparencia de Wall Street y proteger a los consumidores en nuestro sistema financiero. *[Aplausos.]*

Pues bien, esta es la parte buena: ya se ha aprobado un exhaustivo plan de reformas en la Cámara de Representantes. *[Aplausos.]* Una versión del Senado se está debatiendo actualmente, a partir de las ideas de demócratas y republicanos. Ambas propuestas de ley representan una mejora significativa de las imperfectas regulaciones en vigor hoy, a pesar del violento empeño de los grupos de presión del sector para modelar esta legislación de acuerdo con sus intereses particulares.

A aquellos de ustedes que pertenezcan al sector financiero les digo: estoy seguro de que algunos de estos *lobbies* trabajan para ustedes y que están haciendo aquello para lo cual se les paga. Pero he venido expresamente –y hablo a los gigantes del sector aquí presentes– para instarles a que se unan a nosotros en lugar de combatirnos en este empeño. *[Aplausos.]* He venido porque creo que, en definitiva, estas reformas son no solo las que mejor sirven a nuestro país, sino también las que mejor servicio rinden al sector financiero. Y he venido para explicar cómo será esa reforma y por qué es importante.

Para empezar, el proyecto de ley que se está debatiendo en el Senado introduciría algo que no hemos tenido antes: un mecanismo para proteger el sistema financiero, el conjunto de la economía y a los contribuyentes estadounidenses, en el caso de que una gran entidad financiera empezara a tener dificultades. Si ocurre de nuevo algo como lo de Lehman o AIG, ¿hay alguna forma de responder que no sea cargar el pago a los contribuyentes o, como única alternativa, asistir al hundimiento de todo el sistema?

En cualquier banco corriente, cuando se está llegando a una situación de insolvencia, existe un procedimiento pautado que pone en ejecución la Corporación Federal de Seguro de Depósitos, un procedimiento mediante el cual se asegura la protección de los depositantes y se mantiene la confianza en el sistema bancario. Y funciona. Los clientes y contribuyentes están protegidos, y los propietarios y los directivos pierden su capital. Pero no disponemos de un procedimiento de este tipo que sea capaz de contener la quiebra de Lehman Brothers o de cualquiera de las más grandes y más interconectadas entidades financieras del país.

Por esa razón, cuando empezó la crisis, decisiones cruciales sobre lo que ocurriría con algunas de las empresas más grandes del mundo –compañías con decenas de miles de empleados y cientos de miles de millones de dólares en activos– hubieron de tomarse en debates apresurados a altas horas de la noche. Y, por esa razón también, para salvar la economía de una catástrofe todavía mayor, tuvimos que hacer uso del dinero del contribuyente. Ahora bien, gran parte de ese dinero ya ha sido devuelto y esta Administración ha propuesto que las grandes entidades financieras paguen una tasa para recuperar todo el dinero, hasta el último centavo, porque es incuestionable que al pueblo estadounidense nunca se le debería haber colocado en esa situación. [Aplausos.]

Y esa es la razón de que necesitemos un sistema que nos permita cerrar esas entidades con el mínimo daño colateral para las personas y empresas inocentes. Desde el principio, he insistido en que debería ser el sector financiero, no los contribuyentes, el que asumiera el coste cuando quiebra una gran entidad financiera. El objetivo es garantizar que nunca más sea el contribuyente quien haya de pagar el pato, solo porque se considere que una empresa es «demasiado grande para quebrar». Pues bien, ahora mismo existe un legítimo debate sobre cuál sería la mejor manera de garantizar que los contribuyentes no salgan perjudicados en este procedimiento. Y se trata de un debate legítimo que yo mismo aliento. Pero lo que no es legítimo es sugerir que la legislación que se está proponiendo fomentará futuros rescates a cargo del contribuyente, como aseguran algunos. Tal afirmación funciona como titular sensacionalista, pero no se ajusta a los hechos. No es verdad. *[Aplausos.]* En realidad, es el sistema que tenemos hoy... es el sistema que tenemos hoy el que ha conducido a una serie de cuantiosos rescates muy caros para el contribuyente. Y solo una reforma nos permitirá evitar que algo similar suceda en el futuro. En otras palabras, votar por la reforma es votar para poner fin a los rescates a cargo de los contribuyentes. Esa es la verdad. Y no hay más. Y nadie debe dejarse engañar en este debate. *[Aplausos.]*

A propósito, estos cambios poseen el beneficio adicional de crear incentivos en el sector, para así garantizar que ninguna empresa amenace con hundir toda nuestra economía. A tal fin, la propuesta de ley también dará fuerza legal a lo que se conoce como regla Volcker, y hay un tipo alto ahí sentado en la primera fila, Paul Volcker *[aplausos]*, responsable de que la llamemos así. Esta regla hace algo muy simple: establece límites para el tamaño de los bancos y para el tipo de riesgos que pueden asumir las instituciones bancarias. Eso no solo actuará como salvaguarda de nuestro sistema frente a las crisis, sino que también hará que el sistema sea más sólido y competitivo, al infundir mayor confianza tanto en nuestro país como en el resto del globo. Los mercados dependen de la confianza. En parte, la conmoción de los pasados dos años se produjo porque, ante la falta de una regulación clara y de buenas prácticas, la gente no confió en que nuestro sistema fuera seguro para invertir y prestar. Como hemos visto, eso nos perjudica a todos. Así que al aprobar estas reformas, ayudaremos a que nuestro sistema financiero –y nuestra economía– siga siendo la envidia del mundo. Eso es lo primero, asegurarnos de que podemos extinguir una empresa si esta se ve en apuros, sin tener para ello que hundir todo el sistema u obligar a que los contribuyentes paguen el rescate.

En segundo lugar, la reforma proporcionaría una mayor transparencia a muchos mercados financieros. Como es sabido, uno de los factores que condujo a esta crisis fue que entidades como AIG y otras se comprometieron enormemente en operaciones de alto riesgo, valiéndose de derivados y otros complicados instrumentos financieros de un modo que desafiaba toda transparencia e incluso el sentido común. En realidad, muchas prácticas eran tan opacas, tan embrolladas y complicadas, que el propio personal de las entidades no las entendía, y mucho menos aquellos encargados de supervisarlas. No eran plenamente conscientes del enorme volumen de las operaciones realizadas. Por eso Warren Buffett describió los derivados creados y vendidos con escasa supervisión como «armas financieras de destrucción masiva». Así los llamó. Y por eso la reforma controlará los excesos y ayudará a garantizar que este tipo de transacciones se efectúen con la máxima transparencia.

Ciertamente, estos cambios han suscitado una gran preocupación. Así que me gustaría repetirlo: estos instrumentos financieros tienen legítima cabida en nuestra economía. Pueden ayudar a atenuar el riesgo y estimular la inversión. De hecho, existen muchas compañías que los emplean con esa legítima finalidad: gestionar la exposición a la fluctuación de precios y divisas, a la fluctuación de los mercados. Por ejemplo, una empresa puede protegerse contra el alza de precios del petróleo comprando un producto financiero que le asegure unos costes estables de combustible, como sería el caso de una aerolínea a la que pudiera interesarle fijar un precio decente. Así es como se supone que funcionan los mercados. El problema surge cuando esos mercados operan en las sombras de nuestra economía y resultan invisibles para los reguladores y para el consumidor. Este tipo de prácticas temerarias se volvió algo generalizado. Los riesgos se acumularon hasta suponer una amenaza para todo el sistema financiero.

Y por eso también estas reformas se han diseñado para respetar las actividades legítimas, pero de manera que se prevenga la asunción imprudente de riesgos. De ahí que queramos garantizar que productos financieros como los derivados estandarizados se negocien a la luz del día, a la vista de empresas, inversores y encargados de la supervisión. Me sentí alentado al ver esta semana que un senador republicano se sumaba a los demócratas para impulsar estas medidas. Es un buen síntoma. *[Aplausos.]* Es un buen síntoma. Porque si no actuamos, seguiremos teniendo en nuestro sistema financiero el equivalente a un juego de apuestas con escaso control y fuerte endeudamiento, y estaremos poniendo en peligro a los contribuyentes y a la economía. Los únicos que deberían temer el tipo de supervisión y transparencia que proponemos son aquellos cuya conducta no superaría este escrutinio.

En tercer lugar, este plan representaría la mayor protección financiera que nunca se haya dado al consumidor. *[Aplausos.]* Algo del todo necesario, porque esta crisis financiera no se produjo solo como resultado de las decisiones tomadas en lujosos despachos de Wall Street; fue también resultado de decisiones que se tomaron en torno a las mesas de las cocinas de todo el país, decisiones de personas normales que contrataron una hipoteca, una tarjeta de crédito o un préstamo para el coche. Y, si bien es cierto que muchos estadounidenses contrajeron obligaciones financieras que sabían, o deberían haber sabido, que no podrían afrontar, hubo millones que, por decirlo con toda sinceridad, fueron engañados, inducidos a error por términos y condiciones engañosos, bien escondidos en la letra pequeña.

Mientras unas pocas entidades se comportaban como bandoleros y explotaban a sus clientes, toda nuestra economía se volvió más vulnerable. Ahora, millones de personas han perdido sus casas. Y decenas de millones han visto cómo se desvalorizaban sus hogares. Casi todos los sectores de nuestra economía han sufrido los efectos; no se ha librado ni quien pavimenta accesos a edificios en Arizona o vende casas en Ohio, ni quien hace reparaciones domésticas en California o ha pedido una hipoteca para abrir un pequeño negocio en Florida. Por eso es necesario darle al consumidor una mayor protección y capacidad dentro de nuestro sistema financiero. No estamos hablando de entorpecer la competencia ni la innovación. Al contrario. Si dentro del sistema financiero contamos con un organismo específico que establezca unas normas básicas y que vele por el ciudadano de a pie, estaremos proporcionando mejores herramientas a los consumidores para que dispongan de una información clara y concisa cuando tomen decisiones en el ámbito financiero. Así que en lugar de competir para ofrecer productos poco claros, las empresas competirán del modo tradicional, ofreciendo mejores productos. Y eso se traducirá en más diversidad de opciones para el consumidor, más oportunidades para las empresas y más estabilidad para el sistema financiero. A menos que uno tenga un modelo de negocio basado en estafar a la gente, no debería preocuparse demasiado por estas nuevas normas. *[Aplausos.]*

En cuarto lugar, el último y esencial componente de la reforma. Estas reformas de Wall Street darán a los accionistas un nuevo poder dentro del sistema financiero. Podrán influir en la política retributiva, es decir, tendrán voz y voto en lo que concierne a los salarios y bonificaciones de los altos ejecutivos. Y la SEC[1] tendrá autoridad para dar a los accionistas un protagonismo mayor en las elecciones corporativas, de modo que los inversores y pensionistas tendrán más peso a la hora de decidir quién dirige la empresa en la que han depositado sus ahorros.

Desde luego, los estadounidenses no envidian el éxito de nadie cuando ese éxito está bien ganado. Pero lo que hemos leído en el pasado, y a veces también en el presente, sobre las enormes bonificaciones cobradas por los ejecutivos de las empresas —incluso cuando estaban siendo rescatadas por los contribuyentes, cuando asumían grandes riesgos que amenazaban con destruir todo el sistema o la empresa marchaba mal— atenta contra nuestros valores fundamentales. No solo eso, sino que hemos visto que algunos sueldos y bonificaciones incentivaban perversamente la asunción de unos riesgos insensatos, los cuales han contribuido a esta crisis. El foco se estaba poniendo pertinazmente en el próximo trimestre de la empresa, sin pensar en qué ocurriría en el año o la década siguientes. Y ello condujo a una situación en la que quienes más tenían que perder —accionistas y pensionistas— eran quienes menos podían influir en el proceso. Eso debe cambiar. *[Aplausos.]*

Permitidme que diga una última cosa. He presentado un conjunto de reformas para Wall Street. Se trata de reformas

---

1. Securities and Exchange Commission, el organismo que supervisa y regula los mercados y valores en Estados Unidos. [*N. de los t.*]

que pondrán fin a los rescates a cargo del contribuyente, que harán que complejas transacciones financieras salieran de la oscuridad, que protegerán al consumidor y otorgarán a los accionistas más poder en el sistema financiero. Pero afrontémoslo: también necesitamos reformas en Washington. *[Aplausos.]* Y el debate... el debate en torno a estos cambios constituye un perfecto ejemplo.

Me refiero a que he visto cómo batallones de *lobbies* financieros caían sobre el Capitolio, empresas que gastan millones para influir en el resultado de este debate. Hemos visto que se esgrimían argumentos engañosos y se lanzaban ataques cuya pretensión no era mejorar el proyecto de ley, sino debilitarlo o aniquilarlo. Hemos visto cómo un procedimiento respaldado por dos bandos enfrentados cedía bajo el peso de estas fuerzas devastadoras, aunque la propuesta presentada poseyera, desde todos los puntos de vista, el sentido común, la sensatez y la imparcialidad necesarios para abordar de raíz los problemas que sembraron el caos en nuestro sistema financiero y, en definitiva, en toda nuestra economía.

Así que hemos visto lo de siempre en Washington, pero creo que podemos y debemos desterrar este tipo de cinismo político. Debemos acabar con él. Por eso he venido hoy aquí. *[Aplausos.]* Por eso he venido hoy aquí.

A los que trabajen en el sector financiero, permítanme que les diga esto: no siempre compartimos el mismo punto de vista; no siempre estamos de acuerdo. Pero eso no significa que hayamos de elegir entre dos extremos. No se trata de escoger entre mercados tan libres que ni siquiera dispongan de la más mínima protección ante las crisis, o mercados limitados por una normativa tan gravosa que suprima la iniciativa emprendedora y la innovación. Esa es una falsa disyuntiva. Y la mejor prueba de ello es la crisis que acabamos de sufrir.

Siempre ha existido tensión entre el deseo de permitir que los mercados funcionen sin interferencias y la ineludible necesidad de reglas para prevenir que los mercados se desquicien. Pero saber gestionar esa tensión, algo que llevamos debatiendo desde el nacimiento de esta nación, es lo que ha permitido que este país marche al ritmo que exigen los cambios del mundo. Porque al abordar este debate, al hallar el modo de aplicar viejos principios a cada nueva era, nos aseguramos de que no nos estamos inclinando demasiado hacia un polo o el otro, y de que nuestra democracia y nuestra economía siguen siendo tan dinámicas como lo fueron en el pasado. Por tanto, sí, este debate puede resultar muy disputado, muy acalorado. Pero al final solo puede hacer que nuestro país sea más fuerte. Es lo que nos ha permitido adaptarnos y prosperar.

Leí recientemente un artículo que creo que ilustra muy bien este punto. Es de la revista *Time*. Voy a citarlo: «En las grandes entidades bancarias de Manhattan se disparó la semana pasada una frenética alarma. Los grandes banqueros se miraron unos a otros, furiosos e incrédulos. Se acababa de presentar un proyecto de ley... que iba a enjaular a sus instituciones en lo que consideraban un sistema monstruoso... un sistema que, según ellos, no solo les robaría su orgullo profesional, sino que reduciría el sector bancario estadounidense y lo llevaría a su nivel más bajo». Esto apareció en *Time* en junio de 1933. *[Risas y aplausos.]* Ese sistema que tanta consternación causó, y tanta preocupación, era la Corporación Federal de Seguro de Depósitos, también conocida como FDIC, una institución que ha garantizado satisfactoriamente los depósitos de los estadounidenses durante generaciones.

En definitiva, nuestro sistema solo funciona —o nuestros mercados solo son libres— cuando contamos con una salvaguarda básica que previene los abusos, contiene los excesos y garantiza que resulte más rentable jugar según las normas que jugársela al sistema. Y eso es lo que las reformas que proponemos pretenden lograr, ni más ni menos. Y, por ser esa justamente la forma en que garantizaremos que nuestra economía funcione, tanto para los consumidores e inversores como para las instituciones financieras –es decir, por ser esa la forma en que garantizaremos que funcione para todos–, estamos trabajando tan intensamente para conseguir que las regulaciones se aprueben.

Esta es la principal lección que podemos extraer no solo de esta crisis sino de nuestra historia. Se trata de lo mismo que ya dije aquí hace dos años. Porque, en última instancia, no existe línea divisoria entre el poder financiero de Wall Street y la gente de la calle. Ascenderemos o caeremos todos juntos como una sola nación. *[Aplausos.]* Por ello, los animo a que se unan a mí, a que se unan a aquellos que están tratando de que estas sensatas reformas se aprueben. Y a los que trabajen en el sector financiero, los animo a que se unan a mí no solo porque así estarán actuando en beneficio de su sector, sino también porque estarán actuando en beneficio de su país.

Muchas gracias. Dios los bendiga y Dios bendiga a los Estados Unidos de América. Gracias. *[Aplausos.]*

11 de septiembre de 2010

DISCURSO DEL PRESIDENTE
EN EL PENTAGON MEMORIAL

Pentágono
Arlington, Virginia

PRESIDENTE: Secretario Gates; almirante Mullen y miembros de las Fuerzas Armadas; queridos conciudadanos; y muy especialmente, vosotros, los supervivientes que todavía lleváis las cicatrices de la tragedia y la destrucción; y las familias que lleváis en vuestro corazón el recuerdo de los seres queridos que perdisteis aquí.

Para nuestra nación, este es un día para el recuerdo, un día para la reflexión y –con la gracia de Dios– un día para la unidad y la renovación.

Nos reunimos aquí para recordar, en esta hora santa, en terreno sagrado; en estos lugares en que sentimos tanta aflicción y donde nuestras heridas siguen sanando. Nos reunimos aquí, en el Pentágono, donde los nombres de aquellos que hemos perdido permanecerán grabados para siempre en la piedra. Nos reunimos en un apacible campo de Pensilvania en el que un avión cayó y una «torre de voces» se alzará y resonará a través de los tiempos. Y nos reunimos donde cayeron las Torres Gemelas, un lugar en el que las obras continúan para que el próximo año, en el décimo aniversario, las aguas fluyan en homenaje perpetuo a las casi tres mil vidas inocentes.

En este día, quizá es natural que volvamos a las imágenes de aquella terrible mañana, imágenes grabadas a fuego en nuestra alma. Resulta tentador mortificarnos con los momentos finales de los seres queridos cuyas vidas nos fueron arrebatadas tan cruelmente. Sin embargo, estos homenajes conmemorativos, y vuestra presencia aquí hoy, nos invitan a recordar en toda su plenitud el tiempo que vivieron en este mundo.

Eran padres y madres que criaban a sus hijos; hermanos y hermanas que perseguían sus sueños; hijos e hijas con toda la vida por delante. Eran civiles y militares. Algunos nunca se dieron cuenta del peligro; otros lo vieron y corrieron a salvar a otros, escaleras arriba, hacia las llamas, o a la cabina del piloto.

Eran de piel blanca o negra u oscura, hombres y mujeres y algunos niños de todas las razas y de muy diversas religiones. Eran estadounidenses y personas de lejanos rincones del mundo. Y nos fueron arrebatados sin ningún sentido y demasiado pronto, pero tuvieron una buena vida, y siguen vivos en vosotros.

Han pasado ya nueve años. En este tiempo, habéis derramado más lágrimas de lo que resulta imaginable. Y aunque algunos días parezca que el mundo se ocupa de otras cosas, hoy os digo que vuestros seres queridos permanecerán en el corazón de nuestro país, ahora y siempre.

Nuestro recuerdo de hoy requiere también una cierta reflexión. Como nación y como individuos, debemos preguntarnos cuál es la mejor manera de honrar a los que murieron, a los que se sacrificaron. ¿Cómo podemos preservar su legado, no solo en este día, sino cada día?

No necesitamos buscar demasiado para hallar la respuesta. Quienes perpetraron este acto perverso no solo atacaron a los Estados Unidos; atacaron la idea misma de Estados Unidos, todo aquello en lo que creemos y lo que representamos en el mundo. Por eso, el mayor homenaje que podemos rendir a quienes perdimos, y de hecho nuestra mayor arma en esta guerra, es hacer aquello que más temen nuestros adversarios: permanecer fieles a lo que somos, como estadounidenses; dar un nuevo impulso a nuestro propósito común; decir que en nosotros se define el carácter de nuestro país, y que no permitiremos que los actos de un puñado de criminales que asesinan inocentes y luego se esconden en cuevas desvirtúen lo que somos.

Dudaron de nuestra determinación, pero como estadounidenses perseveraremos. Hoy, en Afganistán y más allá, hemos continuado nuestra ofensiva y asestado duros golpes a Al Qaeda y sus aliados. Haremos lo necesario para proteger nuestro país, y rendimos homenaje a quienes prestan servicio para mantenernos a salvo.

Puede que intenten infundir en nosotros el miedo, pero no pueden competir con nuestra capacidad para recuperarnos. No sucumbiremos al miedo, ni echaremos por tierra el optimismo que siempre nos ha definido como pueblo. En el mismo día en que otros trataron de destruirnos, nosotros hemos elegido construir, designando un Día Nacional del Servicio y la Conmemoración que evoca la bondad inherente al pueblo estadounidense.

Puede que intenten aprovecharse de nuestras libertades, pero no sacrificaremos esas libertades que amamos, ni nos escudaremos tras los muros de la sospecha y la desconfianza. Puede que deseen separarnos, pero no cederemos ante su odio y sus prejuicios. Porque las Escrituras nos enseñan a alejar de nosotros «toda amargura, arrebato, cólera, indignación, blasfemia y toda malignidad».

Puede que intenten hacer saltar la chispa del conflicto entre las diferentes religiones, pero como estadounidenses no estamos –ni nunca estaremos– en guerra con el Islam. No fue una religión la que nos atacó aquel día de septiembre, sino Al Qaeda, un grupo deplorable de hombres que pervierten la religión. Y, del mismo modo que condenamos la intolerancia y el extremismo fuera de nuestro país, permaneceremos fieles a nuestras tradiciones aquí, en nuestra casa, como la nación diversa y tolerante que somos. Luchamos para defender los derechos de todos los estadounidenses, incluyendo el derecho a pertenecer al credo que uno elija, al igual que hacen militares y civiles de diversas confesiones a solo unos pasos de aquí, en el mismo lugar en que los terroristas se lanzaron contra este edificio.

Aquellos que nos atacaron pretendían desmoralizarnos, dividirnos, privarnos de esa unión y esos ideales que hacen de Estados Unidos lo que es; las cualidades que nos han convertido en el faro de la libertad y la esperanza de miles de millones de personas en todo el mundo. Hoy volvemos a reiterar que nunca les entregaremos esa victoria. Como estadounidenses, mantendremos vivas las virtudes y los valores que hacen de nosotros lo que somos y lo que siempre seremos.

Porque nuestra causa es justa. Nuestro espíritu, fuerte. Nuestra determinación, inquebrantable. Como las generaciones que nos precedieron, unámonos hoy y todos los días para reafirmar ciertos derechos inalienables, para reafirmar la vida y la libertad y la búsqueda de la felicidad. En este día y en los días que vendrán, elegimos mantenernos fieles a lo mejor de nosotros mismos, como una sola nación, bajo el mandato de Dios, indivisible, con libertad y justicia para todos.

Así es como elegimos honrar a los caídos, a vuestras familias, vuestros amigos, vuestros compañeros de armas. Así es como mantenemos vivo el legado de estos orgullosos y patrióticos estadounidenses. Así es como nos impondremos en esta dura prueba que nos depara nuestro tiempo. Así es como preservaremos y protegeremos el país que amamos y como lo entregaremos –a salvo y fortalecido– a las generaciones futuras.

Que Dios os bendiga, a vosotros y a vuestras familias, y que Dios siga bendiciendo a los Estados Unidos de América. *[Aplausos.]*

12 de enero de 2011

DISCURSO DEL PRESIDENTE EN LA CEREMONIA EN MEMORIA DE LAS VÍCTIMAS DEL TIROTEO DE TUCSON, ARIZONA

McKale Memorial Center
Universidad de Arizona
Tucson, Arizona

EL PRESIDENTE: Gracias. *[Aplausos.]* Muchas gracias. Por favor, por favor, tomad asiento. *[Aplausos.]*

A las familias de aquellos a quienes hemos perdido; a todos sus amigos; a los estudiantes de esta universidad, a los funcionarios aquí reunidos, al pueblo de Tucson y al pueblo de Arizona.

He venido aquí esta noche como estadounidense que, como todos los estadounidenses, se arrodilla para rezar con vosotros hoy y seguirá a vuestro lado mañana. *[Aplausos.]*

No hay nada que yo pueda decir que sirva para llenar el repentino vacío abierto en vuestros corazones. Pero sabed esto: las esperanzas de una nación están aquí esta noche. Lloramos con vosotros por los caídos. Nos unimos a vuestra pena. Y sumamos a la vuestra nuestra fe en que la congresista Gabrielle Giffords y las demás víctimas supervivientes de esta tragedia se recuperarán. *[Aplausos.]*

Las Escrituras nos dicen: «Un río con sus brazos alegra la ciudad de Dios, el santuario donde mora el Altísimo. En medio de ella está Dios: no será conmovida. Dios la socorrerá desde el clarear de la mañana».

El sábado por la mañana, Gabby, su personal y muchos de sus electores se congregaron en el exterior de un supermercado para ejercer su derecho de reunión pacífica y la libertad de expresión. *[Aplausos.]* No hacían sino escenificar uno de los pilares básicos de la democracia que concibieron nuestros fundadores: unos representantes del pueblo que contestan preguntas de sus electores, para luego transmitir sus inquietudes a la capital de nuestra nación. Gabby lo llamó «el Congreso en tu esquina», una versión actualizada del gobierno del pueblo, por y para el pueblo. *[Aplausos.]*

Y fue esa escena, que simboliza la quintaesencia de Estados Unidos, la que quedó hecha pedazos por las balas de un pistolero. Las seis personas que perdieron la vida el sábado también representaban lo mejor de nosotros, lo mejor de Estados Unidos. *[Aplausos.]*

El juez John Roll trabajó para nuestro sistema judicial durante casi cuarenta años. *[Aplausos.]* Titulado por esta universidad y por su facultad de derecho *[aplausos]*, el juez Roll fue recomendado para el tribunal federal por John McCain hace veinte años *[aplausos]*, recibió el nombramiento del presidente George H.W. Bush y llegó a ser el presidente del tribunal federal de Arizona. *[Aplausos.]*

Sus colegas lo describían como el juez más trabajador del Noveno Circuito. Volvía a casa después de asistir a misa, como hacía cada día, cuando decidió detenerse para saludar a su congresista. John deja una amante esposa, Maureen, tres hijos y cinco hermosos nietos. *[Aplausos.]*

George y Dorothy Morris, Dot para sus amigos, se hicieron novios en el instituto, se casaron y tuvieron dos hijas. Lo hacían todo juntos, como recorrer las carreteras en su autocaravana, y disfrutaban de lo que sus amigos llamaban una luna de miel de cincuenta años. El sábado por la mañana, se acercaron al supermercado Safeway para oír lo que su congresista tenía que decir. Al empezar el tiroteo, George, antiguo marine, instintivamente trató de proteger a su mujer. *[Aplausos.]* Ambos fueron alcanzados. Dot perdió la vida.

Phyllis Schneck creció en Nueva Jersey y se retiró a Tucson para escapar de la nieve. Pero en los veranos regresaba al este, donde su vida giraba en torno a sus tres hijos, sus siete nietos y su bisnieta de dos años. Magnífica costurera de colchas, solía trabajar bajo su árbol favorito, y a veces cosía delantales con el logotipo de los Jets y los Giants *[risas]* que luego distribuía en la iglesia en la que trabajaba de voluntaria. Aunque era republicana, le tomó simpatía a Gabby y quería conocerla mejor. *[Aplausos.]*

Dorwan y Mavy Stoddard crecieron juntos en Tucson, hace unos setenta años. Después, cada uno se mudó a un lugar diferente y fundó su propia familia. Pero cuando ambos enviudaron, regresaron aquí para, tal como dijo una de las hijas de Mavy, «volver a ser novios». *[Risas.]*

Cuando no estaban viajando en su autocaravana, se los podía encontrar cerca de aquí, ayudando a los necesitados en la Iglesia de Cristo de Mountain Avenue. Dorwan, albañil jubilado, hacía reparaciones en la iglesia durante su tiempo libre, acompañado de su perro, *Tux*. Su último acto de generosidad fue lanzarse sobre su esposa y sacrificar su vida por ella. *[Aplausos.]*

Todo, absolutamente todo lo que Gabe Zimmerman hizo, lo hizo con pasión. *[Aplausos.]* Pero su pasión prioritaria era ayudar a los demás. Como director de expansión de Gabby, hizo suyas las inquietudes de miles de electores, se ocupó de que los más mayores se beneficiaran del programa de asistencia médica al que tenían derecho, de que los veteranos recibieran las medallas y los cuidados que merecían, de que el Gobierno trabajara para el ciudadano de a pie. Murió haciendo lo que amaba: hablar con la gente para ver de qué modo podía ayudarlos. Gabe deja a sus padres, Ross y Emily, a su hermano, Ben, y a su novia, Kelly, con quien tenía previsto casarse el próximo año. *[Aplausos.]*

Y también Christina Taylor Green, de nueve años. Christina fue una estudiante sobresaliente; era bailarina, gimnasta, nadadora. Había decidido llegar a ser la primera mujer en jugar en las Grandes Ligas de Béisbol, y, siendo la única chica en su equipo de la liga para jóvenes, nadie dudaba de que así sería. *[Aplausos.]*

Demostraba un amor a la vida poco común en una niña de su edad. A su madre siempre le recordaba: «Somos tan afortunados. Tenemos la mejor vida posible». Y restituía esa fortuna participando en una organización benéfica que ayudaba a niños con menos suerte en la vida.

Se nos rompe el corazón por la repentina muerte de todos ellos. Tenemos el corazón roto, y sin embargo también hay en él razones para sentirnos colmados. Nuestros corazones se colman de esperanza y de gratitud por los trece compatriotas que sobrevivieron al tiroteo, incluyendo a la congresista que muchos de ellos habían ido a ver ese sábado.

Acabo de regresar del Centro Médico de la Universidad de Arizona, a poco más de un kilómetro de aquí, donde, mientras hablamos, nuestra amiga Gabby lucha valerosamente por recuperarse. Y quiero que sepáis –su marido Mark está aquí y me deja deciros esto– que justo después de la visita, pocos minutos después de salir de la habitación, donde la acompañaban algunos de sus colegas del Congreso, Gabby abrió los ojos por primera vez. *[Aplausos.]* Gabby abrió los ojos por primera vez. *[Aplausos.]*

Abrió los ojos. Gabby abrió los ojos, así que os aseguro que sabe que estamos aquí. Sabe que la queremos. Y sabe que la vamos a apoyar en lo que sin duda será una difícil travesía. Estamos aquí para apoyarla. *[Aplausos.]*

El corazón se nos llena de agradecimiento por esas buenas noticias, como también en nuestro corazón les estamos agradecidos a quienes salvaron a otros. Le estamos agradecidos a Daniel Hernández *[aplausos]*, voluntario en el equipo de Gabby. *[Aplausos.]*

Y, Daniel, lo siento, puede que tú lo niegues, pero los demás hemos decidido que eres un héroe, porque *[aplausos]* en medio del caos corriste a auxiliar a tu jefa, te ocupaste de sus heridas y ayudaste a mantenerla con vida. *[Aplausos.]*

Les estamos agradecidos a los hombres que redujeron al pistolero cuando este se detuvo a recargar el arma. *[Aplausos.]* Le estamos agradecidos a una mujer bajita como Patricia Maisch, que sin embargo consiguió quitarle la munición al asesino y con ello, sin duda, salvó algunas vidas. *[Aplausos.]* Y les estamos agradecidos a los médicos y enfermeras y personal de primeros auxilios que obraron verdaderos milagros para atender a los heridos. Nuestro agradecimiento para ellos. *[Aplausos.]*

Estos hombres y mujeres nos recuerdan que el heroísmo no solo se encuentra en los campos de batalla. Nos recuerdan que el heroísmo no precisa un entrenamiento especial ni fuerza física. El heroísmo está aquí, en el corazón de muchos de nuestros conciudadanos, a nuestro alrededor, simplemente esperando a que se le invoque, como sucedió el sábado por la mañana. Sus actos y su altruismo nos plantean un reto a todos. Suscitan la cuestión de qué se requiere de nosotros a partir de ahora, más allá de oraciones y manifestaciones de interés. ¿Cómo podemos honrar a los caídos? ¿Cómo podemos ser fieles a su memoria?

Cuando nos golpea una tragedia como esta, es natural exigir explicaciones, intentar poner algo de orden en el caos y hallarle un sentido a lo que parece no tenerlo. Ya estamos asistiendo al principio de un debate nacional, no solo sobre las motivaciones de estos asesinatos, sino sobre cualquier cosa, desde las virtudes de las regulaciones sobre seguridad en el manejo de armas de fuego hasta la idoneidad de nuestro sistema de salud mental. Y gran parte de este proceso, de este debate sobre lo que debe hacerse para prevenir este tipo de tragedias en el futuro, es un ingrediente esencial de nuestro ejercicio de autogobierno.

Pero en un momento en el que nuestro discurso está tan extremadamente polarizado, en un momento en que estamos en exceso predispuestos a culpar de todos los males del mundo a quienes piensan de un modo diferente al nuestro, es importante que nos detengamos un instante y nos aseguremos de que nuestro diálogo sirve para sanar, no para herir. *[Aplausos.]*

Las Escrituras nos dicen que el mal existe en el mundo, y que ocurren cosas terribles por razones que desafían el entendimiento humano. En palabras del Libro de Job: «... cuando esperaba la luz, vino la oscuridad». Suceden cosas malas, y hemos de evitar las explicaciones simplistas cuando aún están demasiado recientes.

Porque lo cierto es que ninguno de nosotros sabe qué pudo motivar un ataque tan sanguinario. Ninguno de nosotros puede saber con un mínimo grado de seguridad qué podría haber impedido esos disparos, o qué pensamientos acechaban en los recovecos del cerebro de un hombre violento. Sí, debemos examinar todos los hechos que hay detrás de esta tragedia. No podemos quedarnos, ni nos quedaremos, sin hacer nada ante una violencia semejante. Debemos estar dispuestos a poner en tela de juicio viejas asunciones para reducir la posibilidad de que esta violencia nos golpee en el futuro. *[Aplausos.]* Pero lo que no podemos hacer es utilizar esta tragedia para de nuevo enfrentarnos entre nosotros. *[Aplausos.]* No podemos hacerlo. *[Aplausos.]* No podemos.

Y cuando debatimos estos asuntos, hemos de hacerlo con una buena dosis de humildad. En lugar de señalar con el dedo o decretar culpabilidades, aprovechemos esta ocasión para ampliar nuestros presupuestos morales, para escucharnos con más atención unos a otros, para agudizar nuestros sentimientos de empatía y recordar todas las formas en que nuestras esperanzas y nuestros sueños se entrelazan. *[Aplausos.]*

Después de todo, es eso lo que la mayoría hacemos cuando perdemos a alguien de nuestra familia, especialmente si la pérdida se produce de manera inesperada. La conmoción nos saca de nuestra rutina. Nos vemos obligados a mirar en nuestro interior. Reflexionamos sobre el pasado: ¿pasamos tiempo suficiente con nuestros padres cuando ya eran mayores?, nos preguntamos. ¿Les expresamos nuestra gratitud por todos los sacrificios que hicieron por nosotros? ¿Le dijimos a nuestra pareja cuánto la amábamos, no de vez en cuando, sino cada día?

Una pérdida tan repentina nos hace volver la vista atrás, pero también nos obliga a mirar hacia delante; a reflexionar en el presente y en el futuro, en la manera en que vivimos la vida y alimentamos nuestras relaciones con quienes siguen aún con nosotros. *[Aplausos.]*

Podríamos preguntarnos si hemos mostrado suficiente bondad y generosidad y compasión a las personas que nos rodean. Quizá nos cuestionemos si estamos obrando bien con nuestros hijos, o con nuestra comunidad, o si nuestras prioridades son las adecuadas.

Reconocemos que somos seres mortales, y recordamos que en el tiempo fugaz de que disponemos en este mundo, lo que importa no es la riqueza, o la posición, o el poder, o la fama; sino más bien cuánto hemos amado *[aplausos]* y si hemos aportado nuestro granito de arena para hacer que la vida de los demás fuera mejor. *[Aplausos.]*

Ese proceso, el proceso de reflexión sobre si nuestros valores están en consonancia con nuestras acciones, es en mi opinión lo que exige una tragedia como esta.

Porque los heridos y los asesinados son parte de nuestra familia, de la familia estadounidense que forman trescientos millones de personas. *[Aplausos.]* Quizá no los conociéramos personalmente, pero, sin duda, nos vemos reflejados en ellos. En George y en Dot, en Dorwan y en Mavy, percibimos ese amor perdurable que sentimos por nuestros maridos, nuestras esposas, los compañeros de nuestra propia vida. Phyllis es nuestra madre o nuestra abuela; Gabe nuestro hermano o nuestro hijo. *[Aplausos.]* En el juez Roll reconocemos no solo al hombre que amaba a su familia y valoraba hacer bien su trabajo, sino también a un hombre que encarnaba la lealtad estadounidense a la ley. *[Aplausos.]*

Y en Gabby... en Gabby vemos el reflejo de nuestro espíritu cívico, de ese deseo de participar en el proceso –a veces frustrante, a veces controvertido, pero siempre necesario e inagotable– de forjar una unión más perfecta. *[Aplausos.]*

Y en Christina, en Christina vemos a nuestros hijos, tan llenos de curiosidad, de confianza, de energía y de magia; tan merecedores de nuestro amor, y tan merecedores de tener en nosotros un buen ejemplo.

Si esta tragedia nos incita a la reflexión y al debate –como debería hacerlo–, asegurémonos de que el diálogo sea digno de aquellos que hemos perdido. *[Aplausos.]* Asegurémonos de que no se pierde en la politiquería habitual, la que solo se ocupa de anotarse tantos y de insignificancias y mañana ya no es noticia.

La pérdida de estas personas maravillosas debería hacer que nos esforzáramos por ser mejores, mejores en nuestra vida privada, mejores amigos, vecinos, compañeros de trabajo y padres. Y si, como se ha discutido durante estos días, estas muertes ayudan a marcar el inicio de un discurso público más moderado, recordemos que no es porque la falta de moderación haya provocado esta tragedia, porque no ha sido así; sino porque solo un discurso público más respetuoso y más honrado puede ayudarnos a encarar los desafíos de nuestra nación de un modo que les hubiera hecho sentir orgullosos. *[Aplausos.]*

Deberíamos hacer gala de ese respeto para estar a la altura del ejemplo que nos dieron funcionarios públicos como John Roll y Gabby Giffords, quienes sabían que, antes que nada, somos todos estadounidenses, y sabían que podemos cuestionar las ideas del otro sin por ello poner en duda su amor por este país, y que nuestra tarea conjunta es ampliar constantemente nuestro círculo de interés para legar el sueño americano a las generaciones futuras. *[Aplausos.]*

Ellos creían, y yo también creo, que podemos ser mejores. Los que murieron aquí y aquellos que salvaron vidas aquí me ayudan a creerlo. Quizá no seamos capaces de detener toda la maldad del mundo, pero sé que el modo en que nos tratemos los unos a los otros depende enteramente de nosotros. *[Aplausos.]*

Creo que, pese a todas nuestras imperfecciones, estamos llenos de honradez y bondad, y que las fuerzas que nos dividen no son tan poderosas como las que nos unen. *[Aplausos.]*

Eso es lo que creo, en parte porque eso es lo que una niña como Christina Taylor Green creía. *[Aplausos.]*

Imaginemos por un momento, imaginemos a una jovencita que empezaba a ser consciente de lo que es nuestra democracia; que empezaba a entender las obligaciones de la ciudadanía; que comenzaba a descubrir el hecho de que, algún día, también ella podría participar en la conformación del futuro de su país. La habían elegido para el consejo de estudiantes, y consideraba el servicio público como algo emocionante y espe- ranzador. Había salido para conocer a su congresista, alguien a quien sin duda consideraba una persona buena e importante, alguien que tal vez le podría servir de modelo. Veía todo esto con los ojos de una niña, limpios del cinismo y la hostilidad que los adultos damos por supuestos en demasiadas ocasiones.

A mí me gustaría estar a la altura de sus expectativas. *[Aplausos.]* Me gustaría que nuestra democracia fuera tan bue- na como Christina la imaginaba. Me gustaría que los Estados Unidos fueran tan buenos como ella los imaginaba. *[Aplausos.]* Todos nosotros deberíamos hacer tanto como podamos para asegurarnos de que este país cumple las expectativas de nues- tros hijos. *[Aplausos.]*

Como ya se ha dicho, Christina vino al mundo el 11 de sep- tiembre de 2001, uno de los cincuenta niños nacidos aquel día que figuran en un libro llamado *Rostros de esperanza*. En ese libro, a cada lado de su foto pueden leerse sencillos deseos para la vida de un niño. «Espero que ayudes a los necesitados», dice uno de ellos; o «Espero que te sepas la letra del himno nacio- nal y la cantes con la mano en el corazón». *[Aplausos.]* «Espero que saltes en los charcos de lluvia.»

Si hay charcos de lluvia en el cielo, Christina está hoy sal- tando en ellos. *[Aplausos.]* Y aquí, en la Tierra, ponemos la mano en nuestros corazones y nos comprometemos como es- tadounidenses a forjar un país que sea por siempre jamás dig- no de su espíritu dulce y alegre.

Que Dios bendiga a aquellos que hemos perdido y les dé el descanso y la paz eternos, que vele por los supervivientes con amor, y que bendiga a los Estados Unidos de América. *[Aplausos.]*

2 de mayo de 2011

DECLARACIONES DEL PRESIDENTE
SOBRE LA MUERTE DE OSAMA BIN LADEN

Sala de Oriente, Casa Blanca
Washington, D. C.

EL PRESIDENTE: Buenas noches. Esta noche puedo anunciar al pueblo estadounidense y al mundo que los Estados Unidos han llevado a cabo una operación que ha acabado con la vida de Osama bin Laden, el líder de Al Qaeda y el terrorista responsable del asesinato de miles de hombres, mujeres y niños inocentes.

Hace ya casi diez años que un luminoso día de septiembre se ensombreció ante el peor ataque de nuestra historia contra el pueblo estadounidense. Las imágenes del 11-S han quedado grabadas a fuego en la memoria de la nación: los aviones secuestrados atravesando el cielo despejado de septiembre, las Torres Gemelas derrumbándose, la negra humareda elevándose desde el Pentágono, los restos del vuelo 93 en Shanksville, Pensilvania, donde la actuación de heroicos ciudadanos evitó más dolor y destrucción.

Sabemos, sin embargo, que las peores imágenes son aquellas que el mundo no vio. El asiento vacío en la mesa a la hora de la cena, los niños obligados a crecer sin su madre o su padre, los padres que nunca disfrutarán del abrazo de su hijo. Casi tres mil ciudadanos nos fueron arrebatados y, con ello, un vacío inmenso se abrió en nuestros corazones.

El 11 de septiembre de 2001, en aquellos instantes de aflicción, el pueblo estadounidense se unió. Les tendimos la mano a nuestros vecinos, y les ofrecimos nuestra sangre a los heridos. Reforzamos nuestros vínculos y nuestro amor por la comunidad y el país. Aquel día, sin importar de dónde fuéramos, ni a qué Dios rezáramos, ni a qué raza o etnia perteneciéramos, nos unimos todos los estadounidenses en una sola familia.

Nos unimos también en nuestra determinación de proteger la nación y llevar ante la justicia a quienes cometieron tan atroz atentado. No tardamos en enterarnos de que los ataques del 11-S eran responsabilidad de Al Qaeda, una organización liderada por Osama bin Laden, la cual había declarado abiertamente la guerra a los Estados Unidos y se había comprometido a matar inocentes en nuestro país y en todo el mundo. Así que fuimos a la guerra contra Al Qaeda para proteger a nuestros ciudadanos, nuestros amigos y nuestros aliados.

Durante los últimos diez años, gracias al heroico e infatigable trabajo de nuestros militares y expertos en la lucha antiterrorista, hemos conseguido grandes avances en ese empeño. Hemos desbaratado ataques terroristas y reforzado la defensa de nuestra patria. En Afganistán, derrocamos al Gobierno talibán que había dado refugio y apoyo a Bin Laden y a Al Qaeda. Y, en todo el mundo, hemos trabajado con nuestros amigos y aliados para capturar o dar muerte a numerosos terroristas de Al Qaeda, entre ellos a algunos de los que tomaron parte en la trama del 11-S.

Sin embargo, Osama bin Laden había conseguido escapar y cruzar la frontera afgana hasta Pakistán. Mientras tanto, Al Qaeda seguía operando en esa frontera y a través de sus filiales en todo el mundo.

De modo que, poco después de asumir la Presidencia, ordené a Leon Panetta, el director de la CIA, que en esta guerra contra Al Qaeda diera máxima prioridad a la captura o muerte de Bin Laden, sin dejar de trabajar de modo más global para entorpecer, desmantelar y derrotar a su organización.

Por fin, el pasado agosto, tras años de arduo trabajo por parte de nuestros servicios de inteligencia, se me informó de una posible pista sobre el paradero de Bin Laden. No estaba ni mucho menos confirmada, y nos llevó muchos meses seguir el rastro de la investigación. Me reuní repetidamente con mi equipo de seguridad nacional, mientras acumulábamos más información sobre el posible paradero de Bin Laden, quien podría haberse escondido en un complejo en el interior de Pakistán. Finalmente, la semana pasada, resolví que disponíamos de suficiente información para pasar a la acción y autoricé una operación para capturar a Osama bin Laden y llevarlo ante la justicia.

Hoy, bajo mi dirección, los Estados Unidos han lanzado una operación contra ese complejo en Abbottabad, en Pakistán. Un pequeño grupo de estadounidenses llevó a cabo la operación haciendo gala de una extraordinaria valentía y habilidad. Ningún compatriota resultó herido. Actuaron cuidadosamente para evitar víctimas civiles. Se produjo un tiroteo en el que mataron a Bin Laden y se hicieron cargo de la custodia del cadáver.

Durante más de dos décadas, Bin Laden ha sido el líder y el símbolo de Al Qaeda, y no ha dejado de urdir ataques contra nuestro país y nuestros amigos y aliados. La muerte de Bin Laden constituye el logro más importante hasta la fecha en el empeño de nuestra nación por derrotar a Al Qaeda.

Pese a ello, su muerte no marca el fin de nuestra tarea. No existe duda de que Al Qaeda continuará lanzando ataques contra nosotros. Debemos permanecer –y permaneceremos– alerta, tanto en nuestro país como en el extranjero.

Mientras tanto, debemos también reafirmar que los Estados Unidos no están –y nunca estarán– en guerra con el islam.

He dejado bien claro, como hizo el presidente Bush poco después del 11-S, que nuestra guerra no es contra el islam. Bin Laden no era un líder musulmán; era un asesino en serie de musulmanes. De hecho, Al Qaeda ha asesinado a gran cantidad de musulmanes en muchos países, incluido el nuestro. Por tanto, su desaparición debe ser bien recibida por todos aquellos que creen en la paz y la dignidad humana.

A lo largo de los años, he dejado claro en repetidas ocasiones que actuaríamos en Pakistán si sabíamos dónde estaba Bin Laden. Y es lo que hemos hecho. Pero es importante recalcar que nuestra cooperación en materia antiterrorista con Pakistán nos ha ayudado a llegar hasta él y descubrir el recinto en el que se ocultaba. Lo cierto es que Bin Laden también le había declarado la guerra a Pakistán y ordenado ataques contra el pueblo pakistaní.

Esta noche he llamado al presidente Zardari, y mi equipo ha hablado también con sus homólogos pakistaníes. Están de acuerdo en que este es un día positivo e histórico para nuestras dos naciones. Y, con vistas al futuro, es esencial que Pakistán siga colaborando con nosotros en la lucha contra Al Qaeda y sus organizaciones filiales.

El pueblo estadounidense no eligió esta lucha. Fue ella la que llegó a nuestras costas, donde dio comienzo con la masacre sin sentido de nuestros ciudadanos. Después de diez años de servicio, lucha y sacrificio, conocemos sobradamente el coste de la guerra; un coste que cae sobre mí con todo su peso cada vez que, como comandante en jefe, he de firmar una carta para una familia que ha perdido a un ser querido, o debo mirar a los ojos a un soldado gravemente herido.

Así que los estadounidenses entendemos el coste de la guerra. Pero, como país, jamás toleraremos que amenacen nuestra seguridad, ni vamos a permanecer de brazos cruzados cuando han matado a nuestros compatriotas. Nos mostraremos implacables en la defensa de nuestros ciudadanos, amigos y aliados. Nos mantendremos leales a los valores que nos hacen lo que somos. Y en noches como esta, a las familias que han perdido seres queridos por el terrorismo de Al Qaeda podemos decirles: se ha hecho justicia.

Esta noche, les damos las gracias a los incontables profesionales de los servicios de inteligencia y antiterrorismo que han trabajado infatigablemente para lograr este desenlace. El pueblo estadounidense no ve su trabajo ni conoce sus nombres. Pero, esta noche, ellos se sienten satisfechos por el trabajo realizado y por el resultado a que ha llevado su búsqueda de la justicia.

Les damos las gracias a los hombres que llevaron a cabo esta operación, porque son ejemplo del profesionalismo, el patriotismo y el valor inigualable de aquellos que sirven a nuestro país. Ellos forman parte de una generación en la que ha recaído la carga más pesada desde aquel día de septiembre.

Por último, quisiera decirles a las familias que perdieron a sus seres queridos el 11-S que nunca hemos olvidado su pérdida, ni hemos vacilado en nuestro compromiso de hacer todo lo necesario para prevenir otro ataque contra nuestro territorio.

Rememoremos esta noche el sentimiento de unidad que reinó durante el 11-S. Sé que, en ocasiones, ese sentimiento se ha debilitado; pero lo conseguido hoy es la prueba fehaciente de la grandeza de nuestro país y la determinación del pueblo estadounidense.

La tarea de salvaguardar a nuestro país no ha terminado. Pero esta noche nos ha vuelto a recordar que los Estados Unidos pueden conseguir cualquier cosa que se propongan. Así hemos escrito siempre nuestra historia, ya sea en la búsqueda de la prosperidad para nuestro pueblo o en la lucha por la igualdad de todos los ciudadanos, en nuestro compromiso para defender nuestros valores más allá de nuestras fronteras o en los sacrificios realizados para hacer del mundo un lugar más seguro.

Recordemos que somos capaces de realizar tales cosas no porque poseamos riqueza o fuerza, sino por lo que somos: una nación bajo el mandato de Dios, indivisible, con libertad y justicia para todos.

Gracias. Que Dios os bendiga y Dios bendiga a los Estados Unidos de América.

16 de octubre de 2011

DISCURSO DEL PRESIDENTE
EN LA INAUGURACIÓN DEL MONUMENTO
CONMEMORATIVO DE MARTIN LUTHER KING, JR.

Explanada Nacional
Washington, D. C.

EL PRESIDENTE: Muchas gracias. *[Aplausos.]* Gracias. *[Aplausos.]* Por favor, tomad asiento.

Un terremoto o un huracán quizá nos hayan obligado a aplazar este día, pero nada habría podido impedir que llegara.

Porque en este día celebramos el regreso de Martin Luther King, Jr. a la Explanada Nacional. En este lugar permanecerá para siempre entre los monumentos de aquellos que crearon y defendieron esta nación; un predicador negro sin cargo público ninguno que dio voz a nuestros sueños más profundos y a nuestros ideales más perdurables, un hombre que removió nuestras conciencias y con ello contribuyó a perfeccionar nuestra unión.

Un hombre que sería el primero en recordarnos que este monumento no solo está dedicado a él. El movimiento del que formaba parte era resultado de toda una generación de líderes. Muchos están aquí hoy, y por su servicio y sacrificio les debemos gratitud eterna. Este monumento está dedicado a lo que entre todos habéis conseguido. *[Aplausos.]*

Algunos de los gigantes del movimiento de derechos civiles –como Rosa Parks y Dorothy Height, Benjamin Hooks o el reverendo Fred Shuttlesworth– nos han dejado en los últimos años. Este monumento da testimonio de su fortaleza y coraje, y aunque los echamos mucho de menos, sabemos que ahora descansan en un lugar mejor.

Y no olvidamos tampoco a la multitud de hombres y mujeres cuyos nombres nunca figuraron en los libros de historia: aquellos que se manifestaron y cantaron, aquellos que se plantaron y se mantuvieron firmes, aquellos que organizaron y movilizaron, todos aquellos hombres y mujeres que con infinidad de actos de pacífico heroísmo propiciaron cambios que pocos creían posibles. King dijo: «Miles de jóvenes sin rostro, anónimos, infatigables, negros y blancos... han llevado a nuestra nación de vuelta a los grandes manantiales de la democracia que tan profundamente excavaron los padres fundadores cuando formularon la Constitución y la Declaración de Independencia». A aquellos hombres y mujeres, a aquellos soldados rasos de la justicia, les digo: sabed que este monumento también es vuestro.

Ha pasado casi medio siglo desde aquella histórica marcha sobre Washington, un día en el que miles y miles de personas se congregaron por el trabajo y la libertad. Eso es lo que nuestros hijos pequeños mejor recuerdan al pensar en King: su resonante voz en esta Explanada exhortando a los Estados Unidos a hacer de la libertad una realidad para todos los hijos de Dios, profetizando que llegaría el día en que las estridentes discordancias de nuestra nación se transformarían en una hermosa sinfonía de hermandad.

Tenemos razones para honrar aquella marcha, para exaltar el discurso «Yo tengo un sueño», porque, sin el resplandor de aquel momento, sin las gloriosas palabras de King, no habríamos tenido el valor de llegar tan lejos como hemos llegado. Gracias a aquella visión de esperanza, a la clarividencia moral de King, las barricadas comenzaron a caer y la intolerancia empezó a desvanecerse. Las puertas a las nuevas oportunidades se abrieron para toda una generación. Sí, las leyes cambiaron, pero también lo hicieron las mentes y los corazones.

Mirad las caras que tenéis alrededor y veréis unos Estados Unidos más igualitarios y más libres y más justos que el país al que se dirigió King aquel día. Tenemos razones para saborear los avances lentos pero reales, los avances plasmados de incontables maneras, grandes y pequeñas, en toda la nación y cada día, plasmados en las personas de color y credo distintos que viven juntas, que trabajan juntas, que pelean codo con codo, que aprenden juntas, que construyen juntas y se aman las unas a las otras.

Así que tenemos razones para celebrar hoy el sueño de King y su visión de unidad. Pero también es importante que en este día recordemos que esos avances no se conquistaron fácilmente, que aquello en lo que King creía se ganó con esfuerzo, que germinó de una realidad hostil y de amargas decepciones.

Tenemos razones para celebrar la maravillosa oratoria de King, pero vale la pena recordar que los avances no se produjeron únicamente por las palabras. Fue necesario pagar un alto precio. El precio de resistir los golpes de las porras y las ráfagas de las mangueras contra incendios. El precio de aguantar días de cárcel y noches de amenazas de bomba. Porque, por cada victoria obtenida durante el apogeo del movimiento de derechos civiles, hubo también reveses y derrotas.

Ahora lo olvidamos, pero durante su vida a King no siempre se le consideró una figura unificadora. Incluso después de alcanzar notoriedad, incluso después de ganar el Nobel de la Paz, King fue denigrado por mucha gente, acusado de ser un demagogo y un agitador de masas, un comunista y un radical. Incluso recibió ataques de su propia gente, de los que pensaban que iba demasiado deprisa y de los que creían que iba demasiado lento, de los que opinaban que no debería entrometerse en asuntos como la guerra de Vietnam o los derechos de los trabajadores sindicados. Por su propio testimonio conocemos las dudas y el dolor que aquello le causaba, y sabemos que la controversia en torno a sus actos iba a durar hasta el día aciago de su muerte.

Menciono todo esto porque, casi cincuenta años después de la marcha sobre Washington, nuestro trabajo, el trabajo de King, todavía no ha terminado. Nos congregamos aquí hoy en un momento de grandes desafíos y grandes cambios. Durante la primera década de este nuevo siglo, hemos debido sufrir la prueba de la guerra y la tragedia, la prueba de una crisis económica y una poscrisis que nos han dejado millones de desempleados, una pobreza en alza y unos cuantos millones más de personas luchando por salir adelante. De hecho, cuando nos golpeó la crisis, ya veníamos de soportar una década de crecientes desigualdades y de estancamiento salarial. En muchos barrios desfavorecidos de todo el país, las condiciones de nuestros ciudadanos más pobres parecen haber cambiado muy poco en los últimos cincuenta años: barrios con escuelas dotadas insuficientemente, zonas muy degradadas, una pobre asistencia sanitaria y violencia constante; barrios en los que demasiados jóvenes crecen con pocas esperanzas y escasas perspectivas de futuro.

Nuestro trabajo no ha terminado. Así que, en este día en el que homenajeamos a un hombre y a un movimiento que tanto hicieron por este país, fortalezcámonos con el ejemplo de la lucha de entonces. Por encima de todo, recordemos que el cambio nunca se ha producido rápidamente. El cambio nunca ha sido sencillo ni se ha logrado sin controversia. El cambio depende de la constancia. El cambio requiere determinación. Se tardó toda una década en lograr que el rumbo moral marcado por el caso Brown contra el Consejo de Educación se tradujera en las garantías recogidas en la ley de derechos civiles y la ley de derecho a voto, pero esos diez largos años no hicieron desistir a King. Él se mantuvo en su empeño, siguió hablando, siguió manifestándose hasta que, por fin, el cambio llegó. *[Aplausos.]*

Y, después, cuando a pesar de haberse aprobado la ley de derechos civiles y la ley de derecho a voto seguía habiendo afroamericanos atrapados en focos de pobreza por todo el país, King no dijo que esas leyes fueran un fracaso; no dijo esto es demasiado duro; no dijo que había que conformarse con lo que teníamos y volver a casa. En lugar de eso, dijo: tomemos estas victorias como base y ampliemos nuestros objetivos para conseguir no solo la igualdad civil y política, sino también la justicia económica; luchemos por obtener un salario mínimo vital y mejores escuelas y trabajos para quienes están deseosos de trabajar. En otras palabras, ante la adversidad, ante la decepción, King se negó a aceptar el «es» de hoy, como él decía, y siguió trabajando por el «debe ser» de mañana.

Así que, cuando pensemos en todo el trabajo que debemos hacer –reconstruir una economía que pueda competir a escala mundial; reformar las escuelas para que todos los niños (no solo algunos, sino todos) puedan tener una educación de primer nivel; garantizar que nuestra sanidad sea asequible y accesible para todos, y que en nuestra economía todos obtengan y aporten lo que en justicia corresponde–, cuando pensemos en esas tareas, no nos dejemos atrapar por lo que hoy «es». *[Aplausos.]* No debe desalentarnos el estado actual de las cosas. Hemos de seguir trabajando por lo que debe ser, los Estados Unidos que debemos dejar a nuestros hijos, conscientes de que las penalidades que afrontemos no son nada comparadas con las que hace cincuenta años hubieron de afrontar King y quienes con él se manifestaban, conscientes de que, si mantenemos la fe, en nosotros mismos y en las posibilidades de la nación, no hay desafío que no podamos superar.

Y del mismo modo que la lucha de King nos ha de dar fuerza, así debe también inspirarnos su insistencia en la unicidad del hombre; la creencia, en sus propias palabras, de que «estamos atrapados en una ineludible red de mutualidad, entretejidos en un solo destino». Fue esa insistencia, fruto de su fe cristiana, la que le llevó a decirles a unos jóvenes manifestantes airados: «Os amo como a mis propios hijos». Y lo hizo a pesar de que uno de ellos le lanzó una piedra que le golpeó en el cuello.

Fue esa insistencia, esa creencia en que Dios reside en cada uno de nosotros, desde los más encumbrados a los más humildes, lo mismo en los opresores que en los oprimidos, la que le hizo convencerse de que la gente y los sistemas podían cambiar; la que fortaleció su fe en la no violencia y le permitió depositar su confianza en un Gobierno que no había estado a la altura de sus ideales; y la que le hizo considerar que su cometido era no solo liberar a los estadounidenses negros de los grilletes de la discriminación, sino también liberar a muchos otros estadounidenses de sus propios prejuicios, y liberar a los estadounidenses de cualquier color de los estragos de la pobreza.

En este momento, pues, con nuestra política tan fuertemente polarizada y la fe en las instituciones enormemente dañada, necesitamos más que nunca seguir las enseñanzas de King. Él nos pide que nos pongamos en la piel del otro, que veamos a través de sus ojos, que entendamos su dolor. Nos dice que tenemos el deber de luchar contra la pobreza, aunque disfrutemos de una posición acomodada; de interesarnos por el niño que asiste a una escuela destartalada, aunque nuestros hijos tengan mejor suerte; de mostrarnos compasivos con la familia inmigrante, conscientes de que a la mayoría de nosotros tan solo nos separan unas pocas generaciones de penalidades similares. [Aplausos.]

Afirmar que pertenecemos a un solo pueblo y que eso nos mantiene unidos, que debemos esforzarnos continuamente por vernos en los demás, no significa abogar por una falsa unidad que camufle nuestras diferencias y ratifique un *statu quo* injusto. Como ocurría hace cincuenta años, y como ha ocurrido durante toda la historia de la humanidad, los poderosos y privilegiados a menudo condenarán cualquier llamamiento al cambio porque puede causar «divisiones». Dirán que cualquier desafío al orden establecido es poco sensato y desestabilizador. King entendió que la paz sin justicia no era en absoluto paz; que para ajustar nuestra realidad a nuestros ideales suele ser necesario decir algunas verdades incómodas y provocar la tensión creativa que propician las protestas no violentas.

Pero también entendió que para lograr un cambio real y duradero debe existir la posibilidad de reconciliación, que cualquier movimiento social debe canalizar esa tensión haciendo valer un espíritu de amor y mutualidad.

Si hoy viviera, estoy convencido de que King nos recordaría que un trabajador en paro puede cuestionar legítimamente los excesos de Wall Street sin demonizar a todos los que allí trabajan; o que un empresario puede entablar duras negociaciones con los sindicatos de su empresa sin necesidad de desacreditar el derecho a una negociación colectiva. Querría que supiéramos que podemos discutir acaloradamente sobre qué grado de intervención debe tener el Gobierno o cuál debe ser su papel, sin por ello cuestionar el amor del otro a nuestra patria [aplausos]; él desearía que fuéramos conscientes de que, en esta democracia, el Gobierno no es ningún ente distante, sino la expresión de nuestros compromisos mutuos. Nos instaría a presuponer lo mejor en los demás, en lugar de lo peor; a cuestionarnos mutuamente de un modo que, en última instancia, sirva para sanar y no para herir. Eso es, en definitiva, lo que yo espero que mis hijas se lleven de este monumento. Desearía que se fueran hoy de aquí llenas de fe en lo que pueden conseguir actuando con determinación y en favor de una causa justa. Desearía que dejaran este lugar con fe en los demás y con fe en la benevolencia divina. Esta escultura, gigantesca y emblemática, les recordará la fuerza de King, pero considerarlo solo como un personaje mítico sería desmerecer lo que nos enseñó sobre nosotros mismos. Él querría que supieran que sufrió reveses, porque ellas también los sufrirán; que supieran que tuvo dudas, porque ellas dudarán; que supieran que tenía defectos, porque todos nosotros los tenemos.

Si King nos sirve de inspiración es precisamente porque era un hombre de carne y hueso, y no una figura de piedra. Su vida, su historia, nos revela que el cambio es posible si no cejamos en el empeño. Él no lo haría, por mucho tiempo que algo exigiera, porque en las aldeas más pequeñas y los más oscuros suburbios había presenciado las más altas cimas que es capaz de alcanzar el alma humana; porque en los momentos en que más desesperada parecía la lucha había visto cómo hombres, mujeres y niños vencían su miedo; porque había visto cómo colinas y montañas empequeñecían, cómo lo abrupto se hacía llano y lo retorcido se volvía recto y Dios abría una salida donde no la había.

Por todo eso homenajeamos a este hombre: porque tenía fe en nosotros. Y por eso este lugar, la Explanada, es el que le corresponde, porque él vio lo que podríamos llegar a ser. Y esa es la razón de que King represente al estadounidense por antonomasia, porque a pesar de todas las penalidades que hemos experimentado, a pesar de nuestra historia en ocasiones tan trágica, nuestro recorrido está definido por un optimismo, unas conquistas y una constancia en el esfuerzo únicos en todo el mundo. Y por esa razón el resto del planeta sigue contando con nosotros para marcar el rumbo. Este es un país en el que la gente corriente encuentra en su corazón el coraje para hacer cosas extraordinarias; el coraje para levantarse frente a la más feroz oposición y desesperanza y decir «esto no es justo y esto es lo justo»; no nos vamos a conformar con lo que los cínicos pretenden que aceptemos; contra viento y marea vamos a tratar de alcanzar, una y otra vez, aquello que sabemos que es posible alcanzar.

Esa es la convicción que debemos albergar en nuestros corazones. *[Aplausos.]* Por duros que sean los tiempos, sé que saldremos adelante. Sé que vendrán mejores días. Y lo sé gracias a este hombre que se alza sobre nosotros. Lo sé porque, por la resistencia que tanto él como su generación demostraron, hoy estamos aquí, en un país que ha dedicado un monumento a su legado.

Así que, con la vista puesta en el horizonte y llenos de fe en el prójimo, sigamos esforzándonos, sigamos luchando, sigamos ascendiendo hacia la tierra prometida de una nación y un mundo más justos y equitativos para todos los hijos de Dios.

Gracias. Dios os bendiga y bendiga a los Estados Unidos de América. *[Aplausos.]*

6 de septiembre de 2012
DISCURSO DEL PRESIDENTE
EN LA CONVENCIÓN NACIONAL DEMÓCRATA
Time Warner Cable Arena
Charlotte, Carolina del Norte

MICHELLE OBAMA: Me siento emocionada, honrada y orgullosa de presentarles al amor de mi vida, el padre de nuestras dos hijas y el presidente de los Estados Unidos de América: Barack Obama. *[Aplausos.]*

EL PRESIDENTE: Gracias. *[Aplausos.]* Gracias. *[Aplausos.]* Gracias. Muchas gracias.

PÚBLICO: ¡Cuatro años más! ¡Cuatro años más! ¡Cuatro años más! ¡Cuatro años más! ¡Cuatro años más!

EL PRESIDENTE: Muchas gracias. Gracias. *[Aplausos.]* Muchas gracias a todos. Gracias.

Michelle, cuánto te quiero. Hace unas pocas noches, todo el mundo pudo comprobar lo afortunado que soy. *[Aplausos.]* Malia y Sasha, estamos muy orgullosos de vosotras. Y, sí, mañana por la mañana tenéis que ir a clase. *[Risas.]*

Y Joe Biden, gracias por ser el mejor vicepresidente que jamás podría haber deseado, y por tu amistad firme y leal. *[Aplausos]*

Señora presidenta, delegados, acepto la nominación a presidente de los Estados Unidos. *[Aplausos.]*

La primera vez que me dirigí a esta convención en 2004, era un hombre más joven, candidato por Illinois al Senado, y hablaba de esperanza, no de optimismo ciego ni de ilusiones, sino de esperanza frente a las dificultades; esperanza frente a la incertidumbre; esa fe pertinaz en el futuro que ha impulsado a esta nación, incluso cuando todo parecía ir en contra y había que recorrer un largo camino.

Ocho años más tarde, esa esperanza ha sido puesta a prueba por el coste de la guerra, por una de las peores crisis económicas de la historia y por un estancamiento político que nos ha hecho dudar de que todavía sea posible abordar los desafíos de nuestro tiempo.

Sé que las campañas pueden parecer algo sin importancia, incluso a veces absurdas. Las cosas triviales se convierten en grandes distracciones. Los problemas serios, en frases efectistas en los medios. Las verdades quedan enterradas bajo una avalancha de dinero y anuncios publicitarios. Y si estáis hartos de oírme aprobar este mensaje,[1] creedme: yo también lo estoy. *[Risas y aplausos.]*

Pero cuando todo ya se haya dicho y hecho, cuando cojáis la papeleta del voto, os enfrentaréis a la elección más evidente en toda una generación. Durante los próximos años, en Washington se tomarán grandes decisiones que afectan al trabajo, la economía, los impuestos, el déficit, la energía, la educación, la guerra y la paz; decisiones que influirán enormemente en nuestra vida y en la de nuestros hijos durante las décadas que se avecinan.

Y en cada ámbito, la decisión que debéis tomar no se reduce a elegir entre dos candidatos o dos partidos. Se trata de elegir entre dos vías diferentes para los Estados Unidos, de elegir entre dos visiones de futuro radicalmente distintas.

---

1. «Yo apruebo este mensaje» es la declaración que, para cumplir con la ley McCain-Feingold, deben incluir los candidatos, partidos o grupos de interés en cualquiera de sus anuncios políticos en los medios. [*N. de los t.*]

La nuestra es una lucha para restaurar los valores que permitieron construir la clase media más amplia y la economía más fuerte que el mundo haya conocido *[aplausos]*; los valores que mi abuelo defendió como soldado en las tropas de Patton; los valores que, mientras él estaba ausente, llevaron a mi abuela a trabajar en una línea de montaje de bombarderos.

Ellos sabían que formaban parte de algo mayor, de una nación que había vencido al fascismo y a la Depresión; una nación en la que las empresas más innovadoras fabricaban los mejores productos del mundo. Y todos participaban de ese orgullo y ese éxito, desde quienes trabajaban en la oficina de la esquina hasta quienes lo hacían en una fábrica.

Mis abuelos tuvieron la oportunidad de ir a la universidad, comprar su propia casa y cumplir el pacto fundamental en el que se asienta la historia estadounidense: la promesa de que el trabajo duro da sus frutos; de que la responsabilidad obtiene recompensa; de que todos disfrutan de las mismas oportunidades y aportan lo que en justicia les corresponde, y de que las mismas reglas son válidas para todos, tanto si afectan al ciudadano de la calle como a Wall Street o Washington, D. C. *[Aplausos.]*

Yo me presenté para ser presidente porque me di cuenta de que ese pacto fundamental se estaba desvaneciendo. Empecé mi carrera ayudando a personas amenazadas por el cierre de una acería, en una época en la que demasiados buenos empleos comenzaban a desplazarse a otros continentes. En 2008, llevábamos casi una década con las familias peleando para afrontar un coste de vida que no dejaba de subir, mientras que los salarios no lo hacían; gente que se endeudaba cada vez más para pagar la hipoteca o los estudios, ponerle gasolina al coche o llevar comida a la mesa. Y cuando el castillo de naipes se derrumbó y nos trajo la gran depresión, millones de estadounidenses inocentes perdieron su trabajo, su casa o sus ahorros; una tragedia de la que aún estamos tratando de recuperarnos.

Nuestros amigos de la Convención Republicana, en Tampa, mencionaron encantados todo lo que ellos piensan que va mal en los Estados Unidos. Pero no tenían mucho que decir sobre cómo piensan arreglar las cosas. *[Aplausos.]* Quieren vuestro voto, pero no quieren que sepáis cuál es su plan. Y eso es porque lo único que tienen que ofrecer son las mismas recetas que han ofrecido durante los últimos treinta años. ¿Que hay superávit? Pruebe una rebaja fiscal. ¿Demasiado déficit? Pruebe otra. ¿Parece que va a coger un resfriado? Tómese dos rebajas fiscales, eche atrás algunas regulaciones y llámenos por la mañana. *[Aplausos.]*

Yo he bajado los impuestos a aquellos que lo necesitaban: a las familias de clase media o a las pequeñas empresas. Pero no creo que otro paquete de deducciones fiscales para los millonarios vaya a traernos más trabajo de calidad o a pagar nuestro déficit. No creo que despedir profesores o negar becas a los estudiantes haga crecer la economía o nos ayude a competir con los científicos e ingenieros de China. *[Aplausos.]*

Después de todo lo que hemos soportado, no creo que echar atrás la regulación de Wall Street ayude a que una pequeña empresaria expanda su negocio o a que un albañil despedido conserve su casa.

Ya hemos pasado por ahí, ya lo hemos probado y no vamos a volver atrás. Vamos a ir hacia delante, América. *[Aplausos.]*

Tampoco pretendo decir que el camino que propongo sea rápido o fácil. Nunca he dicho eso. No me elegisteis para deciros lo que queríais oír. Me elegisteis para deciros la verdad. *[Aplausos.]*

Y la verdad es que nos costará más que unos pocos años solucionar unos problemas que han ido creciendo durante décadas. Será necesario aunar esfuerzos y compartir responsabilidades, y se requerirá el tipo de experimentación audaz y perseverante que aplicó Franklin Roosevelt durante la única crisis peor que esta. *[Aplausos.]* Y, por cierto, quienes portamos el legado de su partido deberíamos recordar que no todos los problemas pueden remediarse con otro programa de gobierno o con dictados emitidos desde Washington.

Pero una cosa te digo, América: podemos solucionar nuestros problemas. Podemos superar los desafíos a los que nos enfrentamos. Quizá el camino sea más arduo, pero conduce a un lugar mejor. Y lo que os pido es que elijáis ese futuro. *[Aplausos.]*

Lo que os pido es que trabajéis unidos para alcanzar un conjunto de objetivos para vuestro país; objetivos que conciernen a la industria manufacturera, la energía, la educación, la seguridad nacional y el déficit; con unos planes reales y factibles que crearán puestos de trabajo, que proporcionarán más oportunidades y reconstruirán la economía sobre una base más sólida. Eso es lo que podemos llevar a cabo en los próximos cuatro años, y por esa razón me presento para un segundo mandato como presidente de los Estados Unidos. *[Aplausos.]*

PÚBLICO: ¡Cuatro años más! ¡Cuatro años más!

EL PRESIDENTE: Podemos elegir un futuro en el que se exporten más productos y se externalicen menos puestos de trabajo. Tras una década definida por lo que comprábamos o pedíamos prestado, volvemos a la base, a lo que los Estados Unidos siempre han hecho mejor: volvemos a hacer las cosas nosotros mismos.

Me he encontrado con trabajadores en Detroit y Toledo *[aplausos]* que temían no volver a fabricar un coche estadounidense. Hoy, no dan abasto fabricándolos, porque hemos reinventado una industria automovilística moribunda y le hemos devuelto su lugar de primacía en el mundo. *[Aplausos.]*

67

He trabajado con dirigentes empresariales que están trayendo puestos de trabajo de vuelta a los Estados Unidos no porque nuestros trabajadores cobren menos, sino porque fabricamos mejores productos. Porque trabajamos más duramente y mejor que cualquiera. *[Aplausos.]*

He firmado acuerdos comerciales que están ayudando a que nuestras empresas vendan más productos a millones de nuevos clientes, productos en los que figuran cinco palabras orgullosamente estampadas: «Fabricado en los Estados Unidos». *[Aplausos.]*

PÚBLICO: ¡Estados Unidos! ¡Estados Unidos! ¡Estados Unidos! ¡Estados Unidos!

EL PRESIDENTE: Tras una década de declive, este país ha creado más de medio millón de puestos de trabajo en el sector manufacturero durante los últimos dos años y medio.

Y ahora podéis elegir: podemos ofrecer más deducciones fiscales a las corporaciones que se llevan los puestos de trabajo fuera, o podemos empezar a recompensar a las empresas que abran nuevas plantas y formen a más trabajadores y creen puestos de trabajo aquí, en los Estados Unidos de América. *[Aplausos.]* Podemos ayudar a que las grandes fábricas y las pequeñas empresas doblen su volumen de exportación y, si elegimos esa vía, en los próximos cuatro años podremos crear otro millón de puestos de trabajo en el sector manufacturero. Vosotros podéis hacerlo posible. Podéis elegir ese futuro.

Podéis elegir una vía en la que tengamos un mayor control sobre nuestra propia energía. Después de treinta años de inacción, ahora hemos mejorado la eficiencia de los combustibles, de modo que a mediados de la próxima década los coches y camiones recorrerán el doble de distancia con cada galón de gasolina. *[Aplausos.]* Hemos doblado la utilización de energías renovables, y miles de estadounidenses tienen hoy trabajo construyendo turbinas eólicas y baterías de larga duración. Solo en el último año, redujimos las importaciones de petróleo en un millón de barriles por día, más de lo que lo haya hecho cualquier Administración en la historia reciente. Y los Estados Unidos de América son hoy menos dependientes del petróleo extranjero de lo que lo hayan sido en cualquier momento de las últimas dos décadas. *[Aplausos.]*

Así que ahora podéis elegir entre una estrategia que revierta estos avances u otra que los amplíe. En los últimos tres años, hemos logrado la apertura de millones de acres a las prospecciones de petróleo y gas, y aumentaremos esa cifra. Pero, a diferencia de mi oponente, yo no permitiré que las empresas petrolíferas redacten el plan energético de este país, ni pondré en peligro nuestras costas ni exigiré a los contribuyentes otros cuatro mil millones de dólares en subsidios corporativos. Nosotros ofreceremos un camino mejor. *[Aplausos.]*

Ofreceremos un camino mejor, un futuro en el que se siga invirtiendo en energía eólica y solar y en carbón limpio; en el que los granjeros y científicos puedan proporcionarnos nuevos biocombustibles para nuestros coches y camiones; en el que los trabajadores de la construcción levanten casas y fábricas que aprovechen mejor la energía; en el que nos aseguremos un suministro de gas natural para los próximos cien años, un gas que tenemos justo bajo nuestros pies. Si elegís este camino, de aquí a 2020 podremos reducir a la mitad las importaciones de petróleo y mantener más de seiscientos mil nuevos puestos de trabajo solo en el sector del gas natural. *[Aplausos.]*

Y, sí, mi plan pretende reducir la contaminación causada por las emisiones de CO_2 que provocan el calentamiento del planeta, porque el cambio climático no es ningún engaño. La proliferación de sequías, inundaciones e incendios no es ninguna broma. Constituye una amenaza para el futuro de nuestros hijos. Y en estas elecciones podéis hacer algo al respecto. *[Aplausos.]*

Podéis elegir un futuro en el que más estadounidenses tengan oportunidad de formarse para competir, con independencia de la edad o el dinero que tengan. Para mí, la educación fue una puerta a nuevas oportunidades, como lo fue para Michelle o para la mayoría de vosotros. Y, ahora más que nunca, es la puerta a una vida de clase media.

Por primera vez desde hace una generación, casi cada estado ha respondido a nuestro llamamiento para mejorar sus niveles de enseñanza y aprendizaje. Algunas de las peores escuelas del país han hecho grandes progresos en matemáticas y lectura. Millones de estudiantes pagan hoy menos por la universidad, porque por fin nos hicimos cargo de un sistema que malgastaba miles de millones de dólares de los contribuyentes en bancos y entidades de crédito. *[Aplausos.]*

Y ahora podéis elegir: podemos destrozar la educación o podemos decidir que, en los Estados Unidos de América, ninguna niña debería posponer sus sueños por un aula masificada o una escuela ruinosa. *[Aplausos.]* Ninguna familia debería meter en el cajón la carta de aceptación de una universidad porque no tiene dinero para pagarla. Ninguna empresa debería buscar trabajadores fuera del país porque aquí no puede encontrar mano de obra cualificada. Ese no es nuestro futuro. Ese no es nuestro futuro. *[Aplausos.]*

El Gobierno tiene un papel en todo esto. Pero los profesores deben inspirar; los directores de escuela o rectores de universidad deben administrar; los padres deben inculcar la sed de conocimientos. Y vosotros, los estudiantes, tenéis que hacer el trabajo. *[Aplausos.]* Os prometo que todos juntos podemos conseguir una educación mejor y más competitiva que la de cualquier nación del mundo. *[Aplausos.]*

Así que ayudadme. Ayudadme a contratar a cien mil profesores de matemáticas y ciencias en el plazo de diez años para así mejorar la educación infantil. Ayudadme a brindar a dos millones de trabajadores la oportunidad de formarse en sus colegios comunitarios[2] para poder acceder directamente a un trabajo. *[Aplausos.]* Ayudadnos a trabajar con colegios y universidades para rebajar a la mitad la subida en el precio de las matrículas en los próximos diez años. Juntos podemos conseguir ese objetivo. Podéis elegir ese futuro para los Estados Unidos. *[Aplausos.]* Ese es nuestro futuro.

En un mundo con nuevas amenazas y nuevos desafíos, podéis elegir unos dirigentes experimentados y de capacidad contrastada. Hace cuatro años, prometí acabar con la guerra en Irak. Y así lo hicimos. *[Aplausos.]* Prometí que nos centraríamos de nuevo en los terroristas que perpetraron los ataques del 11-S. Y lo hemos hecho. *[Aplausos.]* Hemos debilitado el impulso de los talibanes en Afganistán y, en 2014, nuestra guerra más prolongada habrá terminado. *[Aplausos.]*

Una nueva torre se alza en el *skyline* neoyorquino, Al Qaeda se dirige a su derrota y Osama bin Laden está muerto. *[Aplausos.]*

PÚBLICO: ¡Estados Unidos! ¡Estados Unidos! ¡Estados Unidos! ¡Estados Unidos!

EL PRESIDENTE: Esta noche rendimos homenaje a los estadounidenses que siguen arriesgando su vida por el país. Estaremos siempre en deuda con una generación cuyo sacrificio ha hecho que tengamos una nación más segura y respetada. Nunca os olvidaremos. Y, mientras yo sea comandante en jefe,

---

2. Los colegios universitarios comunitarios son instituciones educativas, vinculadas al ámbito de cada comunidad, que ofrecen educación superior de dos años. [*N. de los t.*]

mantendremos la más poderosa fuerza militar que el mundo haya conocido. *[Aplausos.]* Cuando os quitéis el uniforme, os serviremos tan bien como vosotros nos habéis servido a nosotros, porque nadie que luche por este país debería tener que luchar por un trabajo, o para tener un techo sobre su cabeza, o recibir la atención que necesite cuando vuelva a casa. *[Aplausos.]*

En todo el mundo, hemos reforzado antiguas alianzas y forjado nuevas coaliciones para detener la propagación de armas nucleares. Hemos afianzado nuestro poder en el Pacífico y hecho frente a China para defender a nuestros trabajadores. Desde Birmania hasta Libia y Sudán del Sur, hemos avanzado en la defensa de los derechos y la dignidad de todos los seres humanos, hombres y mujeres; cristianos, musulmanes y judíos. *[Aplausos.]*

Pero, a pesar de los avances conseguidos, sigue habiendo desafíos. Las tramas terroristas deben desmantelarse. La crisis en Europa, contenerse. Nuestro compromiso con la seguridad de Israel no debe ser menos firme ni tampoco nuestra búsqueda de la paz. *[Aplausos.]* El Gobierno iraní debe encontrar un mundo unido en contra de sus ambiciones nucleares. Los cambios históricos que se extienden por el mundo árabe deben ser perfilados no por el puño de hierro de un dictador o por el odio de los extremistas, sino por las esperanzas y las aspiraciones de gente corriente que desea alcanzar los mismos derechos que celebramos hoy aquí. *[Aplausos.]*

Por tanto, podemos elegir. Para mi oponente y su compañero de campaña, la política exterior es algo nuevo *[risas y aplausos]*, pero a juzgar por todo lo que hemos visto y oído, quieren hacernos retroceder a una era de bravatas y meteduras de pata por la que los Estados Unidos pagaron un alto precio. Al fin y al cabo, uno no dice que Rusia es nuestro enemigo número uno –no Al Qaeda; Rusia– a menos que mentalmente siga atrapado en los

tiempos de la Guerra Fría. *[Aplausos.]* Y tal vez no estés preparado para la diplomacia con Pekín si no puedes acudir a las Olim-
piadas sin insultar a nuestro aliado más próximo. *[Aplausos.]*
   Mi oponente dijo que era «trágico» acabar con la guerra en
Irak. Y no nos dice cómo pondrá fin a la guerra en Afganistán.
Pues bien, yo sí lo he hecho... y lo cumpliré. *[Aplausos.]*
   Y mientras mi oponente gastaría más dinero en un material
militar que nuestro Estado Mayor ni siquiera desea, yo usaré
ese dinero que ya no gastaremos en la guerra para pagar nuestra deuda y que más gente se ponga de nuevo a trabajar re-
construyendo carreteras, puentes, escuelas y pistas de aterriza-
je. Porque, después de dos guerras que nos han costado millares
de vidas y más de un billón de dólares, ya es hora de que nos de-
diquemos a la construcción nacional aquí, en casa. *[Aplausos.]*
   Podéis elegir un futuro en el que se reduzca nuestro déficit
sin hacérselo pagar a la clase media. Expertos independientes
aseguran que mi plan rebajaría el déficit en cuatro billones de
dólares. Y el pasado verano trabajé con los republicanos en el
Congreso para reducir en mil millones /un billón/ de dólares
el gasto, porque aquellos de nosotros que creemos que el Gobierno puede ser una fuerza positiva deberíamos trabajar más
intensamente que nadie para reformarlo, de modo que resulte
más ágil, más eficiente y responda mejor a las necesidades de
los estadounidenses. *[Aplausos.]*
   Pretendo reformar el código tributario para hacerlo más
sencillo, más justo y que tributen más los hogares más ricos, a
partir de unos ingresos por encima de los doscientos cincuenta
mil dólares. Es decir, que se aplique la misma tasa que cuando
Bill Clinton fue presidente; la misma tasa que cuando nuestra
economía generó casi veintitrés millones de puestos de trabajo, el mayor superávit de la historia y también una buena cantidad de millonarios. *[Aplausos.]*

Sigo deseando fervientemente alcanzar un acuerdo basado en los principios de mi comisión bipartita para encarar la deuda. Ningún partido posee el monopolio de la sabiduría. Ninguna democracia trabaja sin llegar a acuerdos. Deseo lograr este objetivo, y podemos lograrlo. Pero, cuando el gobernador Romney y sus compañeros del Congreso nos dicen que podemos rebajar el déficit gastando más billones en nuevas exenciones fiscales para los más ricos, bueno, solo puedo decir lo que dijo Bill Clinton: echad cuentas. *[Aplausos.]* Haced el cálculo. *[Aplausos.]*

Me niego a aceptar algo así, y mientras sea presidente nunca lo haré. *[Aplausos.]* Me niego a pedirles a las familias de clase media que renuncien a sus deducciones por adquirir una vivienda o educar a sus hijos para pagar la rebaja fiscal a otro millonario. *[Aplausos.]*

Me niego a pedirles a los estudiantes que paguen más por la universidad, o a expulsar a niños del programa Head Start,[3] o a eliminar el seguro médico de millones de estadounidenses de la tercera edad o en situación de pobreza o discapacidad; y todo eso para que aquellos que más tienen puedan pagar menos. No voy a aceptar algo así. *[Aplausos.]*

Y nunca nunca convertiré Medicare[4] en un programa de cupones. *[Aplausos.]* Ningún estadounidense debería verse obligado a pasar los años dorados de la jubilación a merced de las compañías de seguros. Deberían retirarse para disfrutar de los cuidados y la vida digna que se han ganado. Sí, reformaremos y reforzaremos Medicare para darle continuidad a largo pla-

---

3. Se trata de un programa que proporciona prestaciones de salud, educación, nutrición y servicio social a los niños de familias desfavorecidas. [*N. de los t.*]

4. Seguro sanitario que proporciona asistencia médica a las personas mayores de sesenta y cinco años o con alguna incapacidad. [*N. de los t.*]

zo, pero lo haremos reduciendo los costes de la atención sanitaria, no pidiendo a los más mayores que paguen miles de dólares adicionales. *[Aplausos.]*

Y mantendremos la promesa de la Seguridad Social adoptando responsablemente los pasos para reforzarla, no entregándosela a Wall Street. *[Aplausos.]*

Estas son las opciones entre las que debemos escoger. En esto consistirán esencialmente estas elecciones. Una y otra vez, nuestros oponentes nos han dicho que aumentar las deducciones fiscales y reducir las regulaciones es el único camino posible, que puesto que el Gobierno no puede hacerlo todo, no debería hacer prácticamente nada. Si no puedes permitirte un seguro médico, solo queda confiar en no ponerse enfermo. Si una empresa emite gases tóxicos al aire que respiran tus hijos, en fin, ese es el precio del progreso. Si no puedes permitirte crear un negocio o ir a la universidad, sigue el consejo de mi oponente y pídele un préstamo a tus padres. *[Risas y aplausos.]*

Pero ¿sabéis una cosa? Eso no es lo que somos. Eso no es lo que representa este país. Como estadounidenses, creemos que nuestro Creador nos otorgó ciertos derechos inalienables, derechos que ningún hombre o Gobierno puede arrebatarnos. Hacemos especial hincapié en la responsabilidad personal y celebramos la iniciativa individual. No es que el éxito nos venga ya dado; tenemos que ganárnoslo. Honramos a quienes se esfuerzan, a los soñadores, a los audaces, a los emprendedores que siempre han constituido la fuerza impulsora de nuestro sistema de libre empresa, el más potente motor de crecimiento y prosperidad que el mundo haya conocido. Pero también creemos en algo llamado ciudadanía. *[Aplausos.]* «Ciudadanía»: una palabra medular en nuestra fundación; una palabra que constituye la misma esencia de nuestra democracia; la idea de que este país solo funciona cuando asumimos ciertas obligaciones para con los demás y para con las generaciones futuras.

Creemos que, cuando el director general de una empresa de automoción les paga a sus empleados lo suficiente para comprar los coches que fabrican, la empresa entera funciona mejor. *[Aplausos.]* Creemos que, cuando ya no se engaña a las familias para que firmen una hipoteca que no pueden permitirse, las familias están protegidas, pero también lo está el valor de las viviendas de los demás y el conjunto de la economía. *[Aplausos.]* Creemos que una joven a la que un gran profesor o una beca universitaria le permiten escapar de la pobreza puede llegar a ser el próximo Steve Jobs, o la científica que cure el cáncer, o la presidenta de los Estados Unidos; y darle esa oportunidad está en nuestras manos. *[Aplausos.]*

Sabemos que, a menudo, las iglesias y las organizaciones benéficas pueden ser de más ayuda que simplemente un programa contra la pobreza. Pero no queremos que haya limosnas para aquellos que se niegan a ayudarse a sí mismos y, desde luego, no queremos que haya rescates a bancos que se han saltado las normas. *[Aplausos.]* No pensamos que el Gobierno vaya a solucionar todos nuestros problemas, pero tampoco que el Gobierno sea la causa de todos nuestros problemas; o no más de lo que lo son los beneficiarios de las prestaciones sociales, las corporaciones, los sindicatos, los inmigrantes, los gais o cualquier otro grupo señalado como causante de nuestras dificultades. *[Aplausos.]*

Porque, América, sabemos que esta democracia es nuestra. Nosotros, el pueblo, reconocemos que tenemos responsabilidades al igual que tenemos derechos; que nuestros destinos están ligados; que una libertad que solo pregunta «y yo qué saco de todo esto», una libertad sin compromiso mutuo, una libertad sin amor, ni caridad, ni deber ni patriotismo no es merecedora de nuestros ideales fundacionales ni de aquellos que murieron por defenderlos. *[Aplausos.]*

Como ciudadanos, entendemos que lo que define a este país no es lo que se pueda hacer en nuestro favor, sino lo que podamos hacer nosotros en nuestro favor, juntos, mediante el trabajo duro y frustrante, pero también necesario, que conlleva el autogobierno. Eso es en lo que creemos. *[Aplausos.]*

Así que en las elecciones de hace cuatro años no era yo lo más importante. Erais vosotros. *[Aplausos.]* Queridos conciudadanos, vosotros erais el cambio. *[Aplausos.]* Por vosotros, una niña de Phoenix con un problema cardiaco podrá ser operada porque no hay una compañía de seguros que limite su cobertura médica. Vosotros habéis logrado que eso suceda. *[Aplausos.]*

Por vosotros, un joven de Colorado, un joven que nunca creyó que podría hacer realidad su sueño de obtener el título de médico, está a punto de tener su oportunidad. Vosotros lo habéis hecho posible. *[Aplausos.]*

Por vosotros, una joven inmigrante, que creció aquí y fue al colegio aquí y juró fidelidad a nuestra bandera, ya no será deportada del único país que ha llamado su casa *[aplausos]*; sois vosotros la razón de que abnegados soldados no sean expulsados del ejército por ser quienes son o amar a quien aman; la razón de que miles de familias por fin hayan podido decir a sus seres queridos que tan valerosamente nos sirvieron: «Bienvenidos a casa». «Bienvenidos a casa». Vosotros lo habéis logrado. Vosotros lo habéis logrado. Vosotros lo habéis logrado. *[Aplausos.]*

Si abandonáis ahora, si hacéis caso a ese cinismo que considera que el cambio por el que luchamos no es posible, entonces el cambio, desde luego, no ocurrirá. Si ya no creéis que vuestra voz puede hacer que las cosas sean diferentes, entonces otras voces llenarán el hueco que dejéis: las de los *lobbies* y los grupos de interés; las de las personas con cheques de diez millones de dólares que tratan de comprar estas elecciones y las de aquellos que os ponen las cosas difíciles para votar; las de los políticos de Washington que quieren decidir con quién podéis casaros, o controlar decisiones de asistencia médica que las mujeres deberían poder tomar por sí mismas. *[Aplausos.]*

Solo vosotros podéis garantizar que eso no ocurra. Solo vosotros tenéis el poder de hacernos avanzar. *[Aplausos.]*

Sé que los tiempos han cambiado desde la primera vez que hablé en esta convención. Los tiempos han cambiado, y también yo. Ya no soy un candidato. Soy el presidente. *[Aplausos.]*

Y eso quiere decir que sé lo que significa enviar a jóvenes estadounidenses al campo de batalla, porque he estrechado entre mis brazos a las madres y los padres de quienes no regresaron. He compartido el dolor de familias que han perdido sus hogares y la frustración de trabajadores que han perdido sus empleos.

Si los críticos tienen razón y tomo mis decisiones de acuerdo con los sondeos, entonces no debo ser muy bueno interpretándolos. *[Risas.]* Aunque estoy muy orgulloso de lo que hemos conseguido juntos, soy mucho más consciente de mis propios fallos, y sé exactamente a lo que se refería Lincoln cuando dijo: «Muchas veces he caído de rodillas ante la abrumadora convicción de que no había otra posibilidad a la que pudiera recurrir». *[Aplausos.]*

Pero esta noche, aquí ante vosotros, me siento más esperanzado que nunca con respecto a los Estados Unidos. No porque piense que tengo todas las respuestas. No porque sea tan ingenuo como para no apreciar la magnitud de nuestros problemas. Si tengo esperanza es por vuestra causa.

La joven que conocí en una feria científica, la que se ganó el reconocimiento nacional por su investigación en biología mientras vivía con su familia en un albergue para personas sin techo, ella me da esperanza. *[Aplausos.]*

El trabajador de la industria automovilística que ganó la lotería después de que su fábrica casi cerrara pero siguió yendo a trabajar cada día, y compró banderas para toda la ciudad y uno de los coches que fabricaba para darle una sorpresa a su mujer, él me da esperanza. *[Aplausos.]*

La empresa familiar de Warroad, Minnesota, que cuando fue golpeada por la recesión no despidió a ninguno de sus cuatro mil empleados, ni siquiera cuando sus competidores cerraron docenas de plantas, ni siquiera cuando el dueño se vio obligado a renunciar a parte de los complementos salariales y del sueldo, porque entendió que su mayor activo era la comunidad y los trabajadores que le habían ayudado a construir el negocio: ellos me dan esperanza.

Pienso en el joven marinero que conocí en el hospital Walter Reed, cuando aún se recuperaba de la explosión de una granada que había obligado a amputarle la pierna por encima de la rodilla. Hace seis meses, le vimos entrar andando en la Casa Blanca para asistir a una cena en honor de quienes sirvieron en Irak, bien erguido y con diez kilos más, elegante en su uniforme, una gran sonrisa en la cara y firme sobre su nueva pierna. Y recuerdo que, unos pocos meses después, le vi en bicicleta, compitiendo junto con sus compañeros de los Wounded Warriors[5] en un radiante día de primavera, sirviendo de inspiración a otros héroes que entonces iniciaban el arduo camino que él ya había recorrido. Él me da esperanza. Él me da esperanza. *[Aplausos.]*

No sé a qué partido pertenecen estos hombres y mujeres.

---

5. El Wounded Warrior Project es una organización benéfica al servicio de los veteranos de guerra. [*N. de los t.*]

No sé si me votarán a mí. Pero sí sé que es su espíritu el que nos define. Ellos me recuerdan, en palabras de las Escrituras, que tenemos «un porvenir y una esperanza».

Y si compartís esa fe conmigo, si compartís esa esperanza conmigo, entonces esta noche os pido vuestro voto. *[Aplausos.]* Si rechazáis la idea de que la promesa de esta nación está reservada a unos pocos, debéis hacer oír vuestra voz en estas elecciones. Si rechazáis la idea de que nuestro Gobierno haya de estar siempre hipotecado al mejor postor, entonces debéis alzaros contra ello en estas elecciones. *[Aplausos.]*

Si pensáis que nuevas plantas y nuevas fábricas pueden perfilarse en nuestro paisaje, que hay nuevas energías que pueden alimentar nuestro futuro, que nuevas escuelas pueden proporcionar oportunidades de ascenso a esta nación de soñadores; si creéis en un país en el que cada uno obtiene su justa parte y cada uno hace su justa aportación, y en el que todos juegan con las mismas reglas, entonces necesito que votéis el próximo noviembre. *[Aplausos.]*

América, nunca dije que este viaje fuera fácil, y no lo prometeré ahora. Sí, nuestra senda es más abrupta, pero lleva a un lugar mejor. Sí, nuestro camino es más largo, pero lo recorreremos juntos. No volveremos atrás. No dejaremos a nadie atrás. Nos sostendremos unos a otros. Extraemos fuerza de nuestras victorias y aprendemos de nuestros errores, pero con los ojos siempre puestos en el lejano horizonte, sabedores de que la Providencia está de nuestro lado, y de que tenemos la indudable fortuna de ser ciudadanos de la nación más grande de la Tierra.

Gracias. Que Dios os bendiga. *[Aplausos.]* Y que Dios bendiga a los Estados Unidos de América. *[Aplausos.]*

7 de noviembre de 2012

DISCURSO DEL PRESIDENTE
EN LA NOCHE DE LAS ELECCIONES

McCormick Place
Chicago, Illinois

EL PRESIDENTE: Esta noche, más de doscientos años después de que una antigua colonia se ganara el derecho a decidir su propio destino, la tarea de perfeccionar nuestra unión sigue adelante. *[Aplausos.]*

Sigue adelante gracias a vosotros. Sigue adelante porque habéis reafirmado el espíritu que venció a la guerra y la depresión; el espíritu que levantó a este país desde las profundidades de la desesperación hasta las altas cumbres de la esperanza: la convicción de que, al tiempo que perseguimos nuestros sueños individuales, formamos parte de la gran familia estadounidense, y nos elevamos o caemos juntos, como una sola nación y un solo pueblo. *[Aplausos.]*

Esta noche, en estas elecciones, vosotros, el pueblo estadounidense, nos habéis recordado que aunque nuestra senda ha sido ardua, que aunque este ha sido un largo viaje, nos hemos recuperado y hemos luchado para abrirnos camino, y en nuestros corazones sabemos que para los Estados Unidos de América lo mejor está aún por llegar. *[Aplausos.]*

Quiero dar las gracias a todos los estadounidenses que han participado en estas elecciones *[Aplausos.]* Tanto si habéis votado por primera vez como si os ha tocado hacer cola durante mucho tiempo *[aplausos]*; y, por cierto, eso es algo que tenemos que arreglar. *[Aplausos.]* Tanto si habéis estado a pie de calle como respondiendo al teléfono *[aplausos]*; tanto si llevabais un cartel de Obama como uno de Romney, todos habéis hecho oír vuestra voz e influido en el resultado. *[Aplausos.]*

Acabo de hablar con el gobernador Romney y los he felicitado a él y a Paul Ryan por esta disputada campaña. *[Aplausos.]* Si hemos batallado con dureza, ha sido solo porque amamos profundamente a este país y nos importa mucho su futuro. La familia Romney, tanto George como Lenore y su hijo Mitt, ha escogido retribuir a la sociedad estadounidense entregándose al servicio público de la nación, y ese es un legado que esta noche honramos y aplaudimos. *[Aplausos.]*

Estoy, además, deseoso de sentarme en las próximas semanas con el gobernador Romney para hablar de cómo podemos trabajar juntos para hacer avanzar al país. *[Aplausos.]*

Quiero dar las gracias a mi amigo y compañero de los últimos cuatro años, el guerrero feliz de los Estados Unidos *[aplausos]*, el mejor vicepresidente que cualquiera podría desear: Joe Biden. *[Aplausos.]*

Y yo no sería el hombre que soy hoy sin la mujer que accedió a casarse conmigo hace veinte años. *[Aplausos.]* Permitidme que lo diga en público: Michelle, nunca te he querido más. Nunca he estado más orgulloso que cuando he visto cómo el resto de los Estados Unidos se enamoraba de ti también, en tu papel de primera dama del país. *[Aplausos.]* Sasha y Malia, ante nuestros ojos crecéis y os vais convirtiendo en dos jóvenes fuertes, inteligentes y bellas, como vuestra madre. *[Aplausos.]* Y estoy muy orgulloso de vosotras. Pero tengo que decir que, por ahora, quizá con un perro ya es suficiente. *[Risas.]*

Gracias al mejor equipo de campaña y los mejores voluntarios en la historia de la política *[aplausos]*. Los mejores de la historia. *[Aplausos.]* Algunos erais nuevos esta vez, y otros habéis estado a mi lado desde el mismo comienzo. Pero todos sois mi familia. No importa lo que hagáis ni adónde vayáis al acabar aquí, os llevaréis con vosotros el recuerdo de la historia que construimos juntos, y para siempre tendréis el aprecio de un presidente agradecido. Gracias por haber mantenido la confianza hasta el final, en cada collado y cada valle. *[Aplausos.]* Me habéis ido levantando durante todo el camino. Siempre os estaré agradecido por todo lo que habéis hecho y el increíble trabajo que habéis aportado. *[Aplausos.]*

Sé que a veces las campañas políticas pueden parecer algo insignificante, incluso ridículo. Y en eso se ceban los cínicos que dicen que la política no es más que una competición de egos, o un territorio dominado por los grupos de interés. Pero si alguna vez tenéis oportunidad de hablar con personas que asistieron a nuestros mítines, o se apiñaron tras el cordón de seguridad en un gimnasio de instituto, o vieron gente trabajando hasta tarde en una oficina de campaña en algún pequeño condado, lejos de sus casas, descubriréis algo más.

Oiréis la determinación en la voz del joven organizador de base que ha luchado para estudiar en la universidad y quiere asegurarse de que todos los niños disfruten de esa misma oportunidad. *[Aplausos.]* Oiréis el orgullo en la voz de la voluntaria que visita puerta a puerta a los electores porque su hermano, por fin, fue contratado cuando la fábrica local de automóviles añadió otro turno de trabajo. *[Aplausos.]* Oiréis el hondo patriotismo en la voz de la esposa del soldado mientras se ocupa de los teléfonos hasta bien entrada la noche, para asegurarse de que nadie que luche por este país tenga que luchar por un trabajo, o por tener un techo sobre su cabeza cuando regrese a casa. *[Aplausos.]*

Por eso hacemos todo esto. Eso es lo que la política puede

ser. Por eso son importantes las elecciones. No son insignificantes; tienen un gran significado. Son fundamentales.

La democracia en una nación de trescientos millones de personas puede resultar ruidosa, caótica y complicada. Todos tenemos nuestras propias opiniones. Cada uno de nosotros posee convicciones muy arraigadas. Y cuando los tiempos son duros, cuando tomamos grandes decisiones como país, irremediablemente se avivan pasiones y se suscitan controversias. Eso no va a cambiar después de esta noche, y no debería hacerlo. Estas disputas entre nosotros son el sello de nuestra libertad, y nunca hemos de olvidar que, mientras hablamos, hay personas en naciones lejanas que ahora mismo están arriesgando sus vidas por la oportunidad de debatir los problemas que importan, por la oportunidad de depositar el voto como hoy hemos hecho nosotros. [Aplausos.]

Pero, a pesar de nuestras diferencias, la mayoría de nosotros compartimos determinadas esperanzas para el futuro de los Estados Unidos. Queremos que nuestros hijos crezcan en un país en el que puedan acceder a las mejores escuelas y los mejores profesores [aplausos], un país a la altura de su legado como líder mundial en tecnología, descubrimientos e innovación, con el empleo de calidad y las nuevas empresas que eso conlleva.

Queremos que nuestros hijos vivan en unos Estados Unidos que no estén agobiados por la deuda; que no estén debilitados por la desigualdad; que no se vean amenazados por el poder destructivo del calentamiento global. [Aplausos.]

Queremos legar un país seguro, respetado y admirado en todo el mundo; una nación defendida por el ejército más poderoso del planeta y las mejores tropas que el mundo haya conocido [aplausos]; pero también un país que avance confiado para superar estos tiempos de guerra y cimentar una paz construida sobre la promesa de libertad y dignidad para todos los seres humanos.

Creemos en unos Estados Unidos generosos, compasivos, tolerantes; unos Estados Unidos abiertos a los sueños de esa hija de inmigrantes que estudia en nuestras escuelas y jura fidelidad a nuestra bandera. *[Aplausos.]* Abiertos a los sueños de ese joven del lado sur de Chicago que puede acceder a una vida más allá de la esquina más próxima. *[Aplausos.]* O a los del hijo del ebanista de Carolina del Norte que quiere ser médico o científico, ingeniero o empresario, diplomático o incluso presidente. Ese es el futuro que ansiamos. Esa es la visión que compartimos. Hacia allí debemos dirigirnos. Hacia delante. *[Aplausos.]* En esa dirección debemos ir.

Cierto que discrepamos, en ocasiones acaloradamente, acerca del modo de llegar hasta allí. Al igual que ha sucedido durante más de dos siglos, el progreso llega a trompicones. No siempre es una línea recta. No siempre es un camino llano. El mero hecho de reconocer que tenemos esperanzas y sueños comunes no pondrá fin a las situaciones de bloqueo, ni resolverá todos nuestros problemas ni podrá reemplazar la ardua tarea de construir un consenso o de alcanzar los difíciles compromisos que se necesitan para hacer avanzar al país. Pero ese vínculo en común marca el punto de partida.

Nuestra economía se está recuperando. Una década de guerra llega a su fin. Una larga campaña ha terminado. *[Aplausos.]* Y me haya o no ganado vuestro voto, os he escuchado. He aprendido de vosotros, y habéis hecho que sea un mejor presidente. Con vuestras historias y vuestros problemas, regreso a la Casa Blanca con mayor determinación e inspiración que nunca para abordar el trabajo que hay que hacer y el futuro que nos aguarda. *[Aplausos.]*

Esta noche, habéis votado para que hagamos cosas palpables, no la política de siempre. *[Aplausos.]* Nos habéis elegido para que nos ocupemos de vuestro trabajo, no del nuestro. Y estoy deseoso de tender la mano, en las semanas y los meses venideros, y trabajar con los líderes de ambos partidos para abordar los problemas que solo podemos resolver conjuntamente: reducir el déficit, reformar el código tributario, adecuar nuestro sistema de inmigración o eliminar la dependencia del petróleo extranjero. Y tenemos mucho más que hacer. *[Aplausos.]*

Pero eso no significa que vuestro trabajo haya acabado. El papel del ciudadano en nuestra democracia no se termina con el voto. Lo que define a los Estado Unidos no es lo que se pueda hacer en nuestro favor, sino lo que podamos hacer todos nosotros en nuestro favor, juntos, mediante ese trabajo duro y frustrante, pero también necesario, que conlleva el autogobierno. *[Aplausos.]* Ese es el principio sobre el que se fundó nuestra nación.

Este país posee más riqueza que cualquier otro, pero no es eso lo que nos hace ricos. Tenemos el ejército más poderoso de la historia, pero no es eso lo que nos hace fuertes. Nuestra universidad y nuestra cultura son la envidia del mundo, pero no es eso lo que hace que todo el mundo siga viniendo aquí.

Lo que hace que Estados Unidos sea excepcional son los lazos que mantienen unida a la nación más diversa de la Tierra; la convicción de que compartimos un mismo destino, de que este país solo funciona si aceptamos ciertas obligaciones para con los demás y para con las generaciones futuras, de que la libertad por la que tantos estadounidenses han luchado y muerto implica no solo derechos sino también responsabilidades, entre ellas el amor y la caridad, el deber y el patriotismo. Eso es lo que hace grande a los Estados Unidos. *[Aplausos.]*

Esta noche tengo esperanza porque he visto la manifestación de este espíritu en los Estados Unidos. Lo he visto en la empresa familiar cuyos dueños prefieren bajarse el sueldo a despedir a sus vecinos, y en los trabajadores que prefieren trabajar menos horas para que un amigo no pierda su empleo.

Lo he visto en los soldados que se reenganchan después de perder un brazo o una pierna, y en los SEAL[1] que se lanzan escaleras arriba y afrontan la oscuridad y el peligro porque saben que un compañero les guarda las espaldas. *[Aplausos.]*

Lo he visto en las costas de Nueva Jersey y de Nueva York, donde líderes de distintos partidos e instancias gubernamentales han aparcado sus diferencias para ayudar a reconstruir la comunidad tras los estragos causados por una terrible tormenta. *[Aplausos.]*

Y lo vi el otro día en Mentor, Ohio, donde un padre contó la historia de su hija de ocho años, una niña cuya larga batalla contra la leucemia le hubiera costado a la familia todo lo que tenía, si no llega a ser porque la reforma sanitaria se aprobó pocos meses antes de que la compañía de seguros dejara de pagar el tratamiento. *[Aplausos.]* Tuve la oportunidad no solo de hablar con el padre, sino también de conocer a su increíble hija. Y mientras el padre se dirigía a la gente y contaba su historia, todos los padres presentes en la habitación escuchábamos con lágrimas en los ojos, porque sabíamos que aquella niña podría ser hija nuestra. Y sé que todos los estadounidenses desean que el futuro de la pequeña sea igual de prometedor que el de sus propios hijos.

Eso es lo que somos. Ese es el país que tan orgulloso estoy de dirigir como vuestro presidente. *[Aplausos.]* Y, esta noche, a pesar de los duros tiempos que hemos atravesado, a pesar de

1. Las fuerzas de operaciones especiales de la marina de los Estados Unidos. [*N. de los t.*]

todas las frustraciones de Washington, siento más esperanza que nunca con respecto a nuestro futuro. *[Aplausos.]* Nunca he tenido más esperanzas en los Estados Unidos. Y os pido que sostengáis esas esperanzas.

No hablo de un optimismo ciego, de un tipo de esperanza que ignore la enormidad de las tareas que nos aguardan o los obstáculos que encontraremos en el camino. No hablo de un idealismo ingenuo que nos permita quedarnos al margen y eludir la pelea. Siempre he creído que la esperanza es ese algo obstinado que hay en nuestro interior y que se empeña, aunque la evidencia diga lo contrario, en que mejores cosas nos aguardan siempre que tengamos el valor de seguir intentándolo, de seguir trabajando y luchando. *[Aplausos.]*

América, estoy convencido de que podemos seguir construyendo sobre el progreso que ya hemos logrado, de que podemos continuar luchando para crear más puestos de trabajo, nuevas oportunidades y una nueva seguridad para la clase media. Estoy convencido de que podemos mantener la promesa de nuestros fundadores: la idea de que, si alguien está dispuesto a trabajar duramente –sin importar quién sea, de dónde venga, qué aspecto tenga o a quién ame; ya sea negro, blanco, hispano, asiático o nativo americano; sea alguien joven o viejo, rico o pobre, capacitado o discapacitado, gay o heterosexual–, si una persona está dispuesta a intentarlo, aquí, en los Estados Unidos, puede conseguir lo que se proponga. *[Aplausos.]*

Estoy convencido de que juntos podemos alcanzar ese futuro, porque no estamos tan divididos como podría hacer pensar nuestra política; no somos tan cínicos como creen los expertos; somos algo más grande que la suma de nuestras ambiciones individuales, y seguimos siendo algo más que una colección de estados rojos y azules. Somos, y siempre seremos, los Estados Unidos de América. *[Aplausos.]* Y juntos, con vuestra ayuda y con la gracia de Dios, continuaremos avanzando en nuestro viaje y le recordaremos al mundo que vivimos en la mejor nación de la Tierra. *[Aplausos.]*

Gracias, América. Dios os bendiga. Dios bendiga a los Estados Unidos. *[Aplausos.]*

21 de enero de 2013
SEGUNDO DISCURSO INAUGURAL
DEL PRESIDENTE BARACK OBAMA
Capitolio de los Estados Unidos
Washington, D. C.

EL PRESIDENTE: Vicepresidente Biden, señor presidente del Tribunal Supremo, miembros del Congreso de los Estados Unidos, distinguidos invitados y conciudadanos:

Cada vez que nos reunimos para la toma de posesión de un presidente damos testimonio de la inagotable fortaleza de nuestra Constitución. Reafirmamos la promesa de nuestra democracia. Recordamos que lo que mantiene unida a esta nación no es el color de nuestra piel o los principios de nuestra fe o el origen de nuestros apellidos. Lo que nos hace excepcionales –lo que nos hace estadounidenses– es la lealtad a una idea articulada en una declaración que se elaboró hace más de dos siglos: «Sostenemos que estas verdades son evidentes por sí mismas, que todos los hombres fueron creados iguales; que su Creador les ha dotado de ciertos derechos inalienables; que entre estos se hallan la vida, la libertad y la búsqueda de la felicidad».

Hoy continuamos nuestro viaje sin fin para enlazar el significado de aquellas palabras a las realidades de nuestro tiempo. Porque la historia nos enseña que, aunque esas verdades puedan ser evidentes por sí mismas, nunca se han aplicado por sí solas; que, aunque la libertad sea un don de Dios, es su pueblo quien debe garantizarla en la Tierra. *[Aplausos.]* Los patriotas de 1776 no lucharon para sustituir la tiranía de un rey por los privilegios de unos pocos o el gobierno de una turba descontrolada. Nos legaron una república, un gobierno del pueblo, por y para el pueblo, y encomendaron a las sucesivas generaciones la tarea de salvaguardar nuestro credo fundacional.

Y, durante más de doscientos años, así lo hemos hecho.

La sangre derramada a golpes de látigo o espada nos hizo aprender que ninguna unión fundada en principios de libertad e igualdad podía sobrevivir siendo mitad esclava, mitad libre. Nos reinventamos a nosotros mismos e hicimos la promesa de seguir adelante juntos.

Juntos, decidimos que una economía moderna necesita ferrocarriles y autopistas para agilizar los viajes y el comercio, o escuelas y universidades que formen a nuestros trabajadores.

Juntos, descubrimos que el libre mercado solo florece cuando existen reglas que garantizan la competencia y el juego limpio.

Juntos, decidimos que una gran nación debe cuidar de los más vulnerables y proteger a su pueblo de los peores peligros e infortunios de la vida.

En todo nuestro recorrido, jamás hemos abandonado nuestro escepticismo en lo que se refiere a una autoridad central, ni hemos sucumbido a la ficción de que los males de la sociedad deba remediarlos únicamente el Gobierno. Nuestra celebración de la iniciativa y del carácter emprendedor, así como nuestra insistencia en el esfuerzo y la responsabilidad individual, son rasgos constantes de nuestra personalidad.

Pero siempre hemos entendido que, cuando los tiempos cambian, también nosotros debemos cambiar; que la fidelidad a nuestros principios fundacionales demanda nuevas respuestas ante los nuevos retos; que preservar nuestras libertades individuales precisa, en última instancia, que actuemos colectivamente. Porque el pueblo estadounidense ya no puede por sí solo dar respuesta a las exigencias del mundo actual, del mismo modo que nuestros soldados no habrían podido enfrentarse a las fuerzas del fascismo o del comunismo con mosquetes o tropas no profesionales. Una sola persona no puede enseñar todas las matemáticas y las ciencias que los profesores necesitarán para que nuestros hijos afronten preparados el futuro; ni puede construir las carreteras, las redes y los laboratorios de investigación que atraerán nuevos puestos de trabajo y nuevas empresas a nuestro territorio. Ahora, más que nunca, debemos abordar estas tareas juntos, como una sola nación y un solo pueblo. *[Aplausos.]*

Esta generación de estadounidenses ha sido puesta a prueba por crisis que han fortalecido nuestra determinación y demostrado nuestra capacidad para adaptarnos. Una década de guerra llega ahora a su fin. *[Aplausos.]* La recuperación económica ha empezado. *[Aplausos.]* Las posibilidades de los Estados Unidos son ilimitadas, porque poseemos todas las cualidades que demanda este mundo sin fronteras: juventud e impulso; diversidad y apertura; una infinita capacidad para asumir riesgos y un don para reinventarnos. Queridos compatriotas, estamos hechos para este momento, y lo aprovecharemos... siempre que lo hagamos todos juntos. *[Aplausos.]*

Porque nosotros, el pueblo, entendemos que nuestro país no puede tener éxito cuando cada vez a menos personas les va muy bien, mientras que crece el número de los que apenas salen a flote. *[Aplausos.]* Creemos que la prosperidad de los Estados Unidos debe descansar sobre los anchos hombros de una clase media en alza. Sabemos que los Estados Unidos florecen cuando el trabajo es fuente de independencia y de orgullo para cada persona; cuando los salarios honradamente ganados sacan a las familias del precipicio de la pobreza. Mantenemos la lealtad a nuestro credo cuando una niña nacida en la más desoladora miseria sabe que tiene las mismas oportunidades de éxito que cualquier otra persona, porque ella es estadounidense, es libre y es igual a los demás no solo ante Dios, sino también ante el resto de nosotros. *[Aplausos.]*

Comprendemos que los programas obsoletos no satisfacen las necesidades de nuestro tiempo. Debemos, pues, emplear nuevas ideas y nueva tecnología para reconstruir nuestro Gobierno, poner al día nuestro código tributario, reformar nuestras escuelas y dar a nuestros ciudadanos la formación necesaria para trabajar más duramente, para aprender más y llegar más lejos. Pero, aunque los medios cambien, nuestro propósito sigue siendo el mismo: una nación que recompense el esfuerzo y la determinación de todos y cada uno de los estadounidenses. Esto es lo que demanda el momento actual. Esto es lo que dotará de significado real a nuestro credo.

Nosotros, el pueblo, seguimos creyendo que todos los ciudadanos merecen un nivel básico de seguridad y dignidad. Debemos tomar decisiones difíciles para reducir el coste de la sanidad y el tamaño del déficit. Pero rechazamos la idea de que los Estados Unidos hayan de elegir entre cuidar a la generación que construyó este país o invertir en la generación que construirá su futuro. *[Aplausos.]* Porque recordamos las lecciones del pasado, cuando los últimos años de vida transcurrían en condiciones de pobreza y los padres de un niño discapacitado no tenían dónde recurrir.

No creemos que en este país la libertad esté reservada a los afortunados ni la felicidad sea patrimonio de unos pocos. Sabemos que, por muy responsables que seamos en nuestra vida, cualquiera de nosotros podría en cierto momento perder el trabajo, contraer una enfermedad inesperada o quedarse sin casa por culpa de una terrible tormenta. Los compromisos mutuos que adquirimos con programas como Medicare, Medicaid[1] o la Seguridad Social no debilitan nuestro carácter emprendedor, sino que lo refuerzan. *[Aplausos.]* No nos convierten en una nación de aprovechados, sino que nos liberan para asumir los riesgos que hacen grande a este país. *[Aplausos.]*

Nosotros, el pueblo, seguimos creyendo que nuestras obligaciones como estadounidenses no son solo con nosotros mismos, sino también con quienes nos sucederán. Daremos respuesta a la amenaza del cambio climático porque somos conscientes de que, si no lo hacemos, estaremos traicionando a nuestros hijos y a las generaciones futuras. *[Aplausos.]* Puede que algunos todavía nieguen el veredicto inapelable de los científicos, pero nadie es capaz de evitar el efecto devastador de los incendios que arrasan con todo, de las sequías extremas o de las más violentas tempestades.

La senda hacia las fuentes de energía sostenible será larga y, en ocasiones, dificultosa. Pero los Estados Unidos no pueden oponerse a esa transición; deben liderarla. No podemos ceder a otras naciones la tecnología que impulsará la creación de puestos de trabajo y de nuevas industrias; debemos reclamar el potencial de futuro que nos ofrecen. Así es como mantendremos el vigor económico y el tesoro de nuestra nación: nuestros bosques y nuestras vías fluviales, nuestras tierras de cultivo y nuestros picos nevados. Así es como preservaremos el planeta que Dios encomendó a nuestro cuidado. Eso es lo que dotará de significado al credo que en el pasado proclamaron nuestros padres.

---

1. Medicaid es un programa estatal que ofrece cobertura sanitaria a personas de escasos recursos, mientras que Medicare ofrece asistencia médica a mayores de 65 años o a discapacitados. [*N. de los t.*]

Nosotros, el pueblo, seguimos creyendo que para disfrutar de seguridad y paz duraderas no es necesario estar perpetuamente en guerra. *[Aplausos.]* No hay quien iguale en capacidad y coraje a los hombres y mujeres, forjados en el fuego de la batalla, que visten nuestro uniforme. Nuestros ciudadanos, en quienes pervive dolorosamente el recuerdo de aquellos que hemos perdido, conocen sobradamente el precio que exige la libertad. Ser conscientes de que el sacrificio de esos hombres y mujeres hará que nos mantengamos siempre alerta contra quienes pretenden golpearnos. Pero también somos herederos de aquellos que conquistaron la paz y no tan solo la guerra; de aquellos que convirtieron a los enemigos acérrimos en los más leales amigos, y hoy debemos tener presente lo que nos enseñaron para aplicarlo también en nuestro tiempo.

Defenderemos a nuestro pueblo y preservaremos nuestros valores con la fuerza de las armas y el imperio de la ley. Tendremos el coraje de intentar resolver nuestras diferencias con otras naciones por medios pacíficos, no porque seamos ingenuos frente a los peligros que encaramos, sino porque el compromiso entre las partes puede borrar la sospecha y el miedo de una manera más duradera. *[Aplausos.]*

Los Estados Unidos seguirán amparando sólidas alianzas en todos los rincones del globo. Y renovaremos aquellas instituciones que amplíen nuestra capacidad para gestionar crisis fuera de nuestras fronteras, porque nadie apuesta más por un mundo en paz que su nación más poderosa. Daremos apoyo a la democracia desde Asia hasta África, desde América hasta Oriente Medio, porque nuestros intereses y nuestra conciencia nos exigen actuar en nombre de aquellos que ansían la libertad. Y debemos ser fuente de esperanza para los pobres, los enfermos, los marginados o las víctimas de prejuicios; no por simple caridad, sino porque en nuestro tiempo la paz demanda un avance constante de aquellos principios descritos en nuestro credo común: la tolerancia y las oportunidades, la dignidad humana y la justicia.

Nosotros, el pueblo, declaramos hoy que la más evidente de las verdades –que todos somos creados iguales– es la estrella que nos sigue guiando, del mismo modo que guio a nuestros antepasados en Seneca Falls, Selma y Stonewall;[2] del mismo modo que guio a todos los hombres y mujeres, conocidos o anónimos, que dejaron sus huellas impresas en este magnífico parque del Mall para escuchar a un predicador decir que no podemos caminar solos; para oír a King proclamar que nuestra libertad individual está indisolublemente unida a la libertad de todas y cada una de las almas que pueblan la Tierra. *[Aplausos.]*

Corresponde a nuestra generación continuar la tarea que iniciaron aquellos pioneros. Porque nuestro viaje no habrá terminado hasta que nuestras esposas, madres e hijas puedan ganarse la vida en consonancia con su esfuerzo. *[Aplausos.]* Nuestro viaje no habrá terminado hasta que nuestros hermanos y hermanas gais sean iguales que los demás ante la ley *[aplausos]*; porque si verdaderamente hemos sido creados iguales, entonces el amor que nos profesemos unos a otros también debe ser igual. *[Aplausos.]* Nuestro viaje no habrá terminado hasta que no haya ni un solo ciudadano que tenga que esperar durante horas para poder ejercer su derecho al voto. *[Aplausos.]* Nuestro viaje no habrá terminado hasta que hallemos un mejor modo de acoger a esos inmigrantes esperanzados y luchadores que siguen viendo en los Estados Unidos una tierra de oportunidades *[aplausos]*; hasta que los jóvenes y brillan-

2. Lugares que marcaron un hito en la conquista de los derechos de las mujeres (Seneca Falls), la igualdad racial (Selma) y los derechos de los homosexuales (Stonewall). [*N. de los t.*]

tes estudiantes e ingenieros se incorporen a nuestra fuerza de trabajo, en lugar de ser expulsados de nuestro país. *[Aplausos.]* Nuestro viaje no habrá terminado hasta que todos nuestros niños, desde las calles de Detroit hasta los montes Apalaches o los tranquilos paseos de Newtown, se sientan queridos y atendidos y sepan que siempre estarán a salvo.

Esa es la tarea que corresponde a nuestra generación: hacer que estas palabras, estos derechos, estos valores de vida y de libertad y esta búsqueda de la felicidad sean una realidad para todos los estadounidenses. La lealtad a nuestros documentos fundacionales no nos obliga a estar de acuerdo en todos los aspectos de la vida; esa lealtad no implica que todos hayamos de definir la libertad exactamente de la misma forma o que tengamos que seguir un mismo camino para buscar la felicidad. El progreso no nos fuerza a resolver por siempre jamás debates seculares acerca del papel que debería tener el Gobierno, pero sí requiere que actuemos en nuestro tiempo. *[Aplausos.]*

Porque ahora las decisiones nos corresponden a nosotros y no podemos permitirnos aplazarlas. No podemos confundir los principios con el absolutismo, ni sustituir la política por el espectáculo ni considerar que el intercambio de insultos es un debate razonado. *[Aplausos.]* Debemos actuar, conscientes de que nuestro trabajo será imperfecto. Debemos actuar, conscientes de que las victorias de hoy serán solo parciales y que dependerá de aquellos que estén aquí dentro de cuatro años, y de cuarenta y de cuatrocientos años, hacer avanzar el espíritu intemporal que una vez nos fue legado en un sobrio edificio de Filadelfia.

Queridos conciudadanos, el juramento que hoy he prestado ante vosotros, al igual que el que prestaron otros que sirvieron al país desde este Capitolio, ha sido un juramento a Dios y al país, no a un partido o una facción. Y debemos cumplir lealmente la palabra dada durante el tiempo que duren nuestros servicios. Pero las palabras que hoy he pronunciado no son tan diferentes del juramento que presta el soldado que se alista o la inmigrante que ve cumplido su sueño de ser ciudadana estadounidense. Mi juramento no es tan diferente del que todos prestamos a esta bandera que ondea sobre nosotros y que nos llena de orgullo el corazón.

Son palabras de los ciudadanos y representan nuestra mayor esperanza. Vosotros y yo, como ciudadanos, tenemos el poder de marcar el rumbo de este país. Vosotros y yo, como ciudadanos, tenemos la obligación de dar forma a los debates de nuestro tiempo no solo con nuestro voto, sino con las voces que elevamos en defensa de nuestros valores ancestrales y de nuestros ideales imperecederos. *[Aplausos.]*

Abracemos todos ahora, con solemnidad, con amor por el deber y con gozo indecible, lo que constituye nuestro perdurable derecho por nacimiento. Unidos en el esfuerzo y el propósito, con pasión y dedicación, respondamos al llamamiento de la historia y portemos hacia el futuro incierto la preciosa luz de la libertad.

Gracias. Dios os bendiga y que bendiga eternamente a los Estados Unidos de América. *[Aplausos.]*

DISCURSO DEL PRESIDENTE OBAMA
EN LA PUERTA DE BRANDEBURGO

Plaza de París, Puerta de Brandeburgo
Berlín (Alemania)

PRESIDENTE OBAMA: ¡Hola, Berlín! *[Aplausos.]* Gracias, canciller Merkel, por su forma de ejercer el liderazgo, su amistad y el ejemplo que nos da con su vida: una niña del Este que ha llegado a dirigir una Alemania libre y unida.

Como ya he dicho, Angela y yo no nos parecemos precisamente a los anteriores líderes alemanes o estadounidenses. Pero el hecho de que hoy podamos estar aquí, en la línea de falla que dividía una ciudad, apela a una verdad eterna: no hay muro que resista ante los anhelos de justicia, los anhelos de libertad, los anhelos de paz que arden en el corazón de los seres humanos. *[Aplausos.]*

Alcalde Wowereit, distinguidos invitados y, especialmente, pueblo de Berlín y de Alemania: gracias por esta acogida extraordinariamente calurosa. De hecho, ha sido tan calurosa y me siento tan bien que voy a quitarme la chaqueta; y, si alguien más desea hacerlo, adelante. *[Aplausos.]* Entre amigos podemos ser un poco más informales. *[Aplausos.]*

Como ha mencionado su canciller, hace cinco años, siendo senador, tuve el privilegio de dirigirme a esta ciudad. Hoy, estoy orgulloso de regresar como presidente de los Estados Unidos. *[Aplausos.]* Traigo conmigo la amistad duradera del pueblo estadounidense, además de a mi esposa, Michelle, y a

Malia y Sasha. *[Aplausos.]* Quizá hayan notado que no están aquí. Lo que menos les apetece ahora es oírme dar otro discurso. *[Aplausos.]* Así que han salido a disfrutar de la belleza y la historia de Berlín. Una historia que nos sigue hablando hoy. Aquí, a lo largo de miles de años, el pueblo de esta tierra ha efectuado una travesía que le ha llevado de las tribus a los principados y luego al Estado-nación; ha atravesado los tiempos de la Reforma y la Ilustración y ha alcanzado renombre como «tierra de poetas y pensadores», entre ellos Immanuel Kant, que nos enseñó que la libertad es el «derecho único, originario, que corresponde a todo hombre en virtud de su humanidad».

Aquí, durante dos siglos, esta puerta permaneció firme mientras el mundo se convulsionaba a su alrededor; permaneció firme durante el ascenso y la caída de imperios; en tiempos de revoluciones y repúblicas; mientras el arte, la música y la ciencia hacían patente la grandeza de los afanes humanos; pero también en épocas de guerras y masacres que revelaron la crueldad abismal del hombre con el hombre.

Fue aquí donde los berlineses forjaron contra todo pronóstico una isla de democracia. Como ya se ha dicho, contaban con el apoyo de un puente aéreo de esperanza, y tenemos el gran honor de que hoy nos acompañe el coronel Halvorsen, de noventa y dos años: el auténtico «bombardero de golosinas».[1] No podemos sentirnos más orgullosos de él. *[Aplausos.]* Por cierto, espero tener tan buen aspecto cuando llegue a los noventa y dos años. *[Aplausos.]*

---

1. Durante el bloqueo de Berlín occidental (1948-1949) impuesto por los soviéticos, los aliados establecieron un puente aéreo para abastecer la ciudad desde el aire. En esos años, Gail Halvorsen se hizo famoso por descargar golosinas sobre la población berlinesa. [*N. de los t.*]

En aquel tiempo, el Plan Marshall hizo posible un milagro, y la Alianza de Atlántico Norte protegió a nuestro pueblo. Los habitantes de los vecindarios y las naciones del Este sacaron fuerzas de flaqueza al saber que la libertad era posible aquí, en Berlín; y que, por tanto, las oleadas de represión y prohibiciones llegarían algún día a su término.

Hoy, sesenta años después de que se levantaran contra la opresión, recordamos a los héroes de la Alemania oriental del 17 de junio.[2] Cuando el muro por fin cayó, sus sueños se cumplieron. Su fortaleza, su pasión y su ejemplo de resistencia nos recuerdan que, a pesar de la fuerza de los ejércitos y la autoridad de los Gobiernos, son los ciudadanos quienes deciden si quieren que los defina un muro, o si quieren derribarlo. *[Aplausos.]*

Ahora estamos rodeados por los símbolos de la renacida Alemania. Un Reichstag reconstruido, con su reluciente cúpula de cristal. La embajada estadounidense de nuevo en su emplazamiento histórico de la plaza de París. *[Aplausos.]* Y esta misma plaza, una desolada tierra de nadie en otro tiempo, está ahora abierta a todos. Aunque yo no sea el primer presidente estadounidense que visita esta puerta, me enorgullece estar en el lado del Este, para rendir con ello homenaje al pasado. *[Aplausos.]*

Porque, a lo largo de toda esta historia, el destino de esta ciudad se redujo a una sola cuestión: ¿viviremos libres o encadenados? ¿Bajo Gobiernos que defiendan nuestros derechos universales o regímenes que los supriman? ¿En sociedades abiertas que respeten la santidad del individuo y nuestro libre albedrío o en sociedades cerradas que asfixien nuestra alma?

---

2. Se refiere a la sublevación popular que tuvo lugar en la Alemania del Este, en 1953, en contra del Gobierno. El levantamiento fue violentamente reprimido por las tropas soviéticas. [*N. de los t.*]

Como pueblos libres, hace tiempo que manifestamos nuestras convicciones. Nosotros, como estadounidenses, creemos que «todos los hombres son creados iguales», con derecho a la vida, a la libertad y a buscar la felicidad. Y ustedes, como alemanes, declaran en su Ley Fundamental que «la dignidad del hombre es inviolable». *[Aplausos.]* En todo el mundo, las naciones han prometido cumplir la Declaración Universal de los Derechos Humanos, que reconoce la dignidad inherente y los derechos de todos los miembros de la familia humana.

Y eso es lo que estuvo en juego aquí, en Berlín, durante todos aquellos años. Debido a la audacia de las multitudes que se encaramaron al muro, debido a que dictaduras corruptas cedieron ante las nuevas democracias, debido a que millones de personas de este continente pueden ahora respirar el aire fresco de la libertad, podemos decir, aquí en Berlín, aquí en Europa: nuestros valores han vencido. La apertura ha vencido. La tolerancia ha vencido. Y la libertad ha vencido aquí, en Berlín. *[Aplausos.]*

Sin embargo, más de dos décadas después de ese triunfo, debemos reconocer que, en ocasiones, existe cierta autocomplacencia en nuestras democracias occidentales. Hoy, la gente se congrega a menudo en lugares como este para recordar la historia, no para hacerla. Después de todo, ya no nos enfrentamos a muros de hormigón ni a alambradas. No hay tanques desplegados al otro lado de la frontera. No hay visitas a refugios antinucleares. De ese modo, a veces podemos tener la sensación de que los grandes desafíos ya son cosa del pasado. Y eso trae consigo la tentación de replegarnos en nuestro interior, de pensar únicamente en nuestros propios afanes y no en el devenir de la historia; la tentación de creer que hemos saldado cuentas con la historia y que ahora podemos simplemente disfrutar de lo que conquistaron nuestros antepasados.

Pero yo he venido hoy aquí, a Berlín, a decir que la auto-complacencia no es un rasgo de las grandes naciones. Las actuales amenazas no son tan extremas como las de hace medio siglo, pero la lucha por la libertad y la seguridad y la dignidad humana, esa lucha continúa. Y he venido aquí, a esta ciudad de esperanza, porque las pruebas a que nos somete nuestra época exigen el mismo espíritu de lucha que definió a Berlín hace medio siglo.

La canciller Merkel ha mencionado que celebramos el aniversario del emotivo discurso de John F. Kennedy en defensa de la libertad, encarnada en el pueblo de esta gran ciudad. Su promesa de solidaridad, su *Ich bin ein Berliner*[3] *[aplausos]*, resuena a través de los tiempos. Pero no fue solo eso lo que dijo aquel día. No tan recordado es el desafío que lanzó a la multitud que le escuchaba: «Permítanme pedirles –les dijo a los berlineses de entonces–, permítanme pedirles que levanten la mirada para ver más allá de los peligros de hoy» y «más allá de la libertad únicamente de esta ciudad». Les dijo: «miren al día en que haya paz con justicia, no solo para ustedes y nosotros, sino para toda la humanidad».

El presidente Kennedy nos fue arrebatado menos de seis meses después de pronunciar esas palabras. Y, al igual que muchos otros que murieron en aquellas décadas de divisiones, no vivió para ver un Berlín unido y libre. En vez de eso, seguirá siempre vivo en nuestra memoria como un hombre joven. Pero sus palabras son intemporales porque nos instan a preocuparnos por algo más que nuestra propia comodidad, nuestra ciudad o nuestro país. Nos piden que abracemos la causa común de toda la humanidad.

3. «Soy berlinés», frase pronunciada por Kennedy durante su discurso en Berlín, en 1963.

Y si levantamos la mirada, como nos pidió el presidente Kennedy, habremos de reconocer que nuestro trabajo no ha terminado aún. Porque no somos solo ciudadanos de los Estados Unidos o Alemania, también somos ciudadanos del mundo. Y nuestros destinos y fortunas están entrelazados como nunca lo han estado antes.

Quizá ya no vivamos con el temor de una aniquilación a escala global, pero mientras existan armas nucleares no estaremos verdaderamente a salvo. *[Aplausos.]* Podemos asestar golpes a las redes terroristas, pero si ignoramos la inestabilidad y la intolerancia de las que se nutre el extremismo, nuestra propia libertad acabará por verse amenazada. Quizá disfrutemos de un nivel de vida que es la envidia del mundo, pero mientras cientos de millones de personas soporten las punzadas de un estómago vacío o la angustia del desempleo, no seremos auténticamente prósperos. *[Aplausos.]*

Digo todo esto aquí, en el corazón de Europa, porque nuestro pasado compartido nos muestra que ninguno de estos desafíos puede superarse a menos que nos consideremos parte de algo que va más allá de nuestra propia experiencia. Nuestra alianza es la base de la seguridad global. Nuestros intercambios comerciales son el motor de la economía global. Nuestros valores nos instan a proteger las vidas de personas que nunca conoceremos. Cuando Europa y los Estados Unidos lideran con esperanza en lugar de con miedo, hacemos cosas que ninguna otra nación es capaz de hacer, que ninguna otra nación hará. Así que hoy debemos levantar la mirada hacia ese día de paz con justicia que nuestra generación desea para este mundo.

Yo sugeriría que la paz acompañada de justicia empieza con el ejemplo que damos aquí, en casa, porque nuestras propias historias nos han enseñado que la intolerancia engendra injusticia. Y ya se derive esta de las diferencias de raza, religión, género u orientación sexual, siempre somos más fuertes cuando todo el pueblo –sin importar de quién se trate o el aspecto que tenga– disfruta de oportunidades, y cuando nuestras esposas e hijas tienen las mismas oportunidades que nuestros maridos e hijos. *[Aplausos.]*

Cuando respetamos las religiones practicadas en nuestras iglesias y sinagogas, nuestras mezquitas y nuestros templos, estamos más seguros. Cuando acogemos a los hombres y las mujeres inmigrantes, con su talento y sus sueños, estamos haciendo algo que nos renueva. *[Aplausos.]* Cuando defendemos a nuestros hermanos gais y nuestras hermanas lesbianas y hacemos que su amor y sus derechos sean iguales que los nuestros ante la ley, entonces estamos defendiendo también nuestra propia libertad. Somos más libres cuando todos tienen la posibilidad de buscar su propia felicidad. *[Aplausos.]* Y mientras en nuestros corazones existan muros que nos separen de aquellos que no tienen nuestro aspecto, o no piensan como nosotros, o adoran a un Dios diferente, vamos a tener que trabajar más intensamente, juntos, para hacer caer esos muros que nos dividen.

La paz con justicia significa una libre empresa que da rienda suelta al talento y la creatividad que llevamos dentro; en otros modelos, el crecimiento económico directo funciona de arriba abajo o depende únicamente de los recursos extraídos de la tierra. Pero nosotros creemos que la verdadera prosperidad proviene de nuestro recurso más preciado: el pueblo. Y por eso hemos decidido invertir en educación y en ciencia e investigación. *[Aplausos.]*

Y ahora, mientras salimos de la recesión, no debemos apartar la vista del ultraje de la creciente desigualdad ni del dolor de los jóvenes sin trabajo. Debemos crear oportunidades para el ascenso en nuestras sociedades, pero sin dejar de ampliar los intercambios comerciales y las inversiones que estimulen el crecimiento a ambos lados del Atlántico.

Los Estados Unidos estarán al lado de Europa mientras esta refuerza su unión. Queremos trabajar con ustedes para garantizar que todas las personas puedan disfrutar de la dignidad que proporciona un trabajo; ya vivan en Chicago o Cleveland, en Belfast o Berlín, en Atenas o Madrid, todos merecen una oportunidad. Debemos disponer de economías que funcionen para todo el mundo, y no solo para los que estén arriba. *[Aplausos.]*

La paz con justicia significa tender la mano a aquellos que tratan de alcanzar la libertad, dondequiera que vivan. Los diferentes pueblos y culturas seguirán su propio camino, pero debemos rechazar la mentira de que quienes viven en lugares lejanos no anhelan la libertad y la autodeterminación tanto como nosotros, que no ansían una vida digna y un Estado de derecho tanto como nosotros. No podemos dictar el ritmo del cambio en lugares como el mundo árabe, pero debemos rechazar la excusa de que no podemos hacer nada para apoyarlo. *[Aplausos.]*

No podemos rehuir nuestro papel en la propagación de los valores en los que creemos, tanto si eso supone apoyar a los afganos mientras asumen la responsabilidad de su futuro, como si se trata de trabajar por la paz entre israelíes y palestinos *[aplausos]* o de comprometerse, como hemos hecho en Birmania, en la apertura de espacios para que personas valerosas emerjan de varias décadas de dictadura. En este siglo, son estos los ciudadanos que ansían unirse al mundo libre. Ellos son quienes ustedes fueron en el pasado. Merecen nuestro apoyo porque también ellos, a su modo, son ciudadanos de Berlín. Y debemos ayudarlos cada día. *[Aplausos.]*

La paz con justicia significa trabajar por la seguridad de un mundo sin armas nucleares, por lejos que esté la consecución de ese sueño. Por ello, como presidente, he redoblado nuestros esfuerzos a fin de detener la proliferación de armas nucleares y he reducido el número y el papel de las armas nucleares estadounidenses. Gracias a la actualización del tratado START, estamos en camino de reducir el despliegue de cabezas nucleares estadounidenses y rusas y llevarlo a su más bajo nivel desde la década de 1950. *[Aplausos.]*

Pero nos queda trabajo por hacer. Así que hoy voy a anunciar algunas medidas adicionales. Tras un análisis exhaustivo, he decidido que podemos garantizar la seguridad de Estados Unidos y de nuestros aliados, así como mantener una fuerza disuasiva estratégica que sea sólida y convincente, al tiempo que reducimos hasta en un tercio el número de armas nucleares estratégicas desplegadas actualmente. Y pretendo lograr ulteriores reducciones negociadas con Rusia para superar los posicionamientos nucleares de la Guerra Fría. *[Aplausos.]*

Al mismo tiempo, trabajaremos con nuestros aliados de la OTAN para tratar de conseguir una fuerte reducción del armamento táctico estadounidense y ruso desplegado en Europa. Y podemos forjar un nuevo marco internacional para la explotación de energía nuclear con fines pacíficos, y rechazar la fabricación de armas nucleares que Corea del Norte e Irán puedan tener en proyecto.

En 2016, los Estados Unidos serán la sede de una cumbre para proseguir con nuestros esfuerzos por garantizar la seguridad de los materiales nucleares en todo el mundo; y trabajaremos para sumar apoyos en los Estados Unidos y ratificar el Tratado de Prohibición Completa de los Ensayos Nucleares, al tiempo que hacemos un llamamiento a las naciones para comenzar a negociar un tratado que ponga fin a la producción de materiales de fisión para las armas nucleares. Estos son los pasos que podemos dar para crear un mundo en el que haya paz con justicia. *[Aplausos.]*

La paz con justicia significa no condenar a nuestros hijos a vivir en un planeta más hostil y menos habitable. El esfuerzo por frenar el cambio climático requiere medidas enérgicas; y en ello Alemania y Europa han sido pioneras.

En los Estados Unidos hemos doblado recientemente la energía renovable que obtenemos de fuentes limpias, como el viento o el sol. Estamos duplicando la eficiencia del combustible de nuestros coches. Las peligrosas emisiones de CO_2 se han reducido. Pero sabemos que debemos hacer más cosas, y las haremos. [Aplausos.]

En un mundo en el que las clases medias consumen cada vez más energía, los esfuerzos deben provenir de todas las naciones, no solo de algunas. Porque la lúgubre alternativa también afecta a todas las naciones: tormentas más violentas, más hambruna e inundaciones, nuevas oleadas de refugiados, costas que desaparecen u océanos que aumentan de nivel. Este es el futuro que debemos evitar. Esta es la amenaza global de nuestra era. Y, por el bien de las generaciones futuras, nuestra generación debe avanzar hacia un acuerdo mundial que combata el cambio climático antes de que sea demasiado tarde. Ese es nuestro cometido. Esa es la tarea que nos corresponde. Y debemos poner manos a la obra. [Aplausos.]

La paz con justicia significa cumplir con nuestras obligaciones morales. Y una de esas obligaciones morales, en la que tenemos un profundo interés, es la de ayudar a que los rincones más pobres del mundo salgan de esa situación. Y lo hemos de hacer promoviendo el crecimiento para evitar que un niño nacido hoy haya de pasar toda su vida en la más extrema pobreza; e invirtiendo en agricultura para no limitarnos solo a enviar comida, sino enseñar también a los agricultores a cultivar la suya propia; y reforzando la sanidad pública de modo que no solo enviemos medicinas, sino que formemos médicos y enfermeras que ayuden a poner fin al escándalo de los niños que mueren a causa de enfermedades evitables; y asegurándonos, en definitiva, de que hacemos todo lo posible para cumplir la promesa –una promesa factible– de ver la primera generación sin sida. Eso es algo que puede lograrse si nos concienciamos suficientemente de que constituye una urgencia. *[Aplausos.]*

Nuestros esfuerzos deben ir más allá de la simple caridad. Deben capacitar y devolver el poder a la gente; deben crear instituciones y abandonar la podredumbre de la corrupción; crear vínculos comerciales que vayan más allá de enviar simplemente ayuda, vínculos con Occidente y entre las propias naciones a las que se pretende potenciar y capacitar. Porque, cuando esas naciones tengan éxito, también nosotros veremos aumentar el nuestro. Nuestros destinos están ligados, y no podemos ignorar a quienes anhelan no solo libertad, sino también prosperidad.

Y, por último, recordemos que la paz con justicia depende de nuestra capacidad para mantener tanto la seguridad de nuestras sociedades como la apertura que las define. Las amenazas a la libertad no solo provienen del exterior. También pueden surgir del interior, de nuestros propios miedos, de la desvinculación de nuestros ciudadanos.

Durante más de una década, los Estados Unidos han estado en guerra. Sin embargo, las cosas han cambiado mucho en los cinco años transcurridos desde la última vez que hablé aquí, en Berlín. La guerra de Irak ha concluido. La guerra de Afganistán está llegando a su fin. Osama bin Laden ya no existe. Nuestra labor contra Al Qaeda continúa progresando.

Y, debido a estos cambios, el pasado mes hablé de la lucha de los Estados Unidos contra el terrorismo. En ello me sirvió de inspiración uno de nuestros padres fundadores, James Madison, quien escribió: «No hay nación que pueda preservar su libertad en medio de una guerra constante». James Madison tiene razón. Por eso, sin bajar la guardia ante la amenaza terrorista, debemos trascender el esquema mental de la guerra perpetua. Y, en los Estados Unidos, eso significa redoblar nuestros esfuerzos para cerrar la prisión de Guantánamo. *[Aplausos.]* Significa controlar rigurosamente el uso que hacemos de nuevas tecnologías, como por ejemplo los drones. Significa conseguir un equilibrio entre la consecución de la seguridad y la protección de la privacidad. *[Aplausos.]*

Yo confío en que podamos hallar ese equilibrio. Confío en ello como confío en que, trabajando conjuntamente con Alemania, podamos mantener nuestra mutua seguridad al tiempo que preservamos esos valores esenciales por los que hemos luchado.

Nuestros programas actuales se ajustan al Estado de derecho y se centran en las amenazas a nuestra seguridad, no en la comunicación entre gente corriente. Ayudan a encarar peligros reales, y mantienen a salvo a las personas tanto de los Estados Unidos como de Europa. Pero debemos aceptar el desafío al que todos los Gobiernos democráticos nos enfrentamos: escuchar las voces que están en desacuerdo con nosotros; propiciar un debate abierto sobre cómo usamos nuestro poder y cómo convendría ponerle límites; y recordar siempre que los Gobiernos existen para servir al poder del individuo, y no al revés. Eso es lo que nos hace lo que somos, y lo que nos hace diferentes de quienes están al otro lado del muro. *[Aplausos.]*

Ese es el modo de mantenernos leales a lo mejor de nuestra historia mientras procuramos alcanzar los días de paz y justicia que habrán de llegar. Esas son las convicciones que nos guían, los valores que nos inspiran, los principios que nos unen como pueblos libres que siguen creyendo que, como dijo

Martin Luther King Jr., «la injusticia en cualquier parte es una amenaza para la justicia en todas partes». *[Aplausos.]*

Y debemos preguntarnos: ¿alguien podría dudar de que nuestra generación tenga el coraje de afrontar estas pruebas? Si alguien duda de que las palabras del presidente Kennedy sigan vigentes hoy, no tiene más que venir a Berlín, porque aquí encontrará al pueblo que resurgió de las ruinas de la guerra para recoger los frutos de la paz; que emergió del dolor de la escisión al júbilo de la reunificación. Y aquí recordará cómo personas atrapadas tras un muro desafiaron las balas y saltaron alambradas, cómo cruzaron corriendo los campos de minas y excavaron túneles, cómo se arrojaron de los edificios y cruzaron a nado el Spree para reclamar su derecho fundamental a la libertad. *[Aplausos.]*

El muro ya es historia. Pero también nosotros tenemos una historia que escribir. Y los héroes que nos precedieron nos instan a estar a la altura de aquellos elevados ideales: a cuidar de los jóvenes que no encuentran empleo en su propio país, o de las niñas a las que no permiten asistir a la escuela en otros países; nos instan a mantenernos alerta para salvaguardar nuestras libertades, pero también a tender la mano a quienes tratan de alcanzar la libertad más allá de nuestras fronteras.

Esto es lo que nos ha enseñado la historia. Este es el espíritu de Berlín. Y el mayor homenaje que podemos rendir a quienes nos precedieron es continuar su labor para alcanzar la paz y la justicia, no solo en nuestros países, sino para toda la humanidad.

Vielen Dank. [Aplausos.] Dios los bendiga. Dios bendiga a los pueblos de Alemania. Y Dios bendiga a los Estados Unidos de América. Muchas gracias. *[Aplausos.]*

26 de marzo de 2014

DISCURSO DEL PRESIDENTE DIRIGIDO
A LA JUVENTUD EUROPEA

Palacio de Bellas Artes
Bruselas (Bélgica)

PRESIDENTE OBAMA: Muchas gracias. Gracias. *[Aplausos.]* Por favor, por favor, tomad asiento. Buenas noches. *Goede avond. Bonsoir. Guten abend. [Aplausos.]* Gracias, Laura,[1] por tu excepcional presentación. Antes de salir, me ha dicho que no estuviera nervioso. *[Risas.]* Ya me imagino..., creo que su padre está entre el público, y ya me imagino lo orgulloso que debe estar. Le estamos muy agradecidos por su labor, pero además Laura nos recuerda que serán personas como ella las que modelarán nuestro futuro.

Sus Majestades, señor primer ministro y pueblo de Bélgica: en nombre del pueblo estadounidense, les doy las gracias por su amistad. Permanecemos unidos como aliados inseparables, y les agradezco su maravillosa hospitalidad. Debo admitir que resulta fácil amar a un país famoso por su chocolate y su cerveza. *[Risas.]*

Líderes y dignatarios de la Unión Europea; representantes de nuestra alianza de la OTAN; distinguidos invitados:

---

1. Se refiere a Laura Hemmati, cofundadora de Leaderise, un movimiento transatlántico con sede en Bruselas cuyo objetivo es promover el talento femenino.

Nos reunimos hoy aquí en un momento en que se nos somete a una dura prueba, una prueba tanto para Europa y los Estados Unidos como para el orden internacional que durante generaciones hemos trabajado para construir. A lo largo de la historia de la humanidad, las sociedades han lidiado con cuestiones fundamentales relativas a su modo de organizarse, a cómo deben regirse las relaciones entre el individuo y el Estado o a la manera más idónea de resolver los inevitables conflictos entre los Estados. Y fue aquí, en Europa, durante siglos de lucha –que vieron pasar guerras y la Ilustración, represiones y revoluciones–, donde un conjunto muy concreto de ideales comenzó a emerger: la convicción de que mediante la conciencia y el libre albedrío todos tenemos derecho a vivir del modo que elijamos; la convicción de que el poder deriva del consentimiento de los gobernados, y que deberían crearse leyes e instituciones que protegieran esa concepción. Más adelante, esas ideas inspiraron a un grupo de colonos establecidos al otro lado del océano, y las pusieron por escrito en los documentos fundacionales que todavía hoy siguen guiando a los Estados Unidos, incluida la sencilla verdad de que todos los hombres –y todas las mujeres– son creados iguales.

Pero esos ideales también han sido puestos a prueba, aquí en Europa y en todo el mundo. Esos ideales se han visto a menudo amenazados por una concepción del poder más antigua y tradicional. Esta visión alternativa defiende que los hombres y las mujeres corrientes tienen unas miras demasiado estrechas para gobernar sus propios asuntos, que el orden y el progreso solo son posibles cuando los individuos entregan sus derechos a un soberano todopoderoso. Con frecuencia, esta visión alternativa está enraizada en la noción de que, en virtud de la raza o la fe o la etnia, algunos poseen una superioridad inherente sobre otros, y que la identidad individual debe definirse por un «nosotros» en contraposición a un «ellos», o que la grandeza de una nación debe emanar no de lo que un pueblo defienda, sino de aquello a lo que es contrario.

De muy diversas formas, la historia de Europa en el siglo XX escenificó el choque continuado de estos dos enfoques ideológicos, tanto en el interior de cada nación como en las relaciones entre ellas. La rapidez de los avances de la industria y la tecnología superó nuestra capacidad para dar solución pacífica a nuestras diferencias e, incluso en las sociedades más civilizadas, la manifestación visible de todo ello fue una caída en la barbarie.

Esta mañana, la visita a los campos de Flandes me ha hecho recordar cómo la guerra entre los pueblos, la Primera Guerra Mundial, envió a una generación a morir en las trincheras o bajo los efectos del gas. Y solo dos décadas después, el extremismo nacionalista sumió a este continente en una nueva guerra en la que se esclavizó a pueblos enteros, grandes ciudades quedaron reducidas a escombros y decenas de millones de personas fueron masacradas, entre ellas las víctimas del Holocausto.

En respuesta a esa trágica historia, al finalizar la Segunda Guerra Mundial los Estados Unidos se unieron a Europa para rechazar las oscuras fuerzas del pasado y edificar un nuevo marco para la paz. Trabajadores e ingenieros dieron vida al Plan Marshall. Las tareas de vigilancia corrieron a cargo de los centinelas de la OTAN, una alianza que se convertiría en la más sólida que el mundo haya conocido. Y, a ambos lados del Atlántico, adoptamos una visión compartida de Europa, una visión basada en la democracia representativa, los derechos individuales y la convicción de que las naciones pueden responder a los intereses de los ciudadanos mediante el comercio y los mercados abiertos; mediante una red de seguridad social y el respeto a aquellos de religión o extracción social diferentes.

Durante décadas, esta visión convivió en fuerte contraste con la vida que transcurría al otro lado del telón de acero. Durante décadas tuvo lugar una contienda, y finalmente esa contienda se ganó no con tanques ni misiles, sino porque nuestros ideales avivaron el corazón de los húngaros que iniciaron una revolución; de los polacos de los astilleros que formaron Solidaridad; de los checos que llevaron a cabo la Revolución de Terciopelo sin disparar un solo tiro, y de los berlineses del Este que atravesaron los puestos de guardia y acabaron derribando el muro.

Hoy, lo que habría parecido imposible en las trincheras de Flandes, en los escombros de Berlín o en la celda de un disidente, esa realidad se da por hecha. Una Alemania unificada. Las naciones de Europa central y oriental acogidas en la familia de las democracias. Aquí, en este país que fue una vez el campo de batalla de Europa, encontramos el núcleo de una unión que reconcilia a adversarios inmemoriales en torno a una convivencia de paz y cooperación. El pueblo de Europa, cientos de millones de ciudadanos –del este, el oeste, el norte y el sur–, goza de mayor seguridad y prosperidad porque nos mantuvimos unidos en la defensa de nuestros ideales compartidos.

Pero esta historia del progreso de la humanidad no se limitó ni mucho menos a Europa. De hecho, los ideales definitorios de nuestra alianza también inspiraron movimientos en todo el mundo, irónicamente entre aquellos a los que demasiado a menudo los poderes occidentales les habían negado sus plenos derechos. Después de la Segunda Guerra Mundial, hubo pueblos, desde África hasta India, que se arrancaron el yugo del colonialismo para conseguir su independencia. En los Estados Unidos, los ciudadanos emprendieron viajes por la libertad[2] y

2. Se refiere a los «viajeros por la libertad», el grupo de activistas que, a partir de 1961, recorrió en autobús los estados del Sur de Esta-

soportaron la violencia para poner fin a la segregación y conquistar sus derechos civiles. Al tiempo que el telón de acero caía aquí, en Europa, el puño de hierro del *apartheid* se aflojó y, orgullosa, surgió la figura erguida de Nelson Mandela, que salió de prisión para liderar una democracia multirracial. Naciones latinoamericanas rechazaron las dictaduras y construyeron nuevas democracias, y diversos países asiáticos demostraron que el desarrollo y la democracia podían ir de la mano. Los jóvenes que están hoy entre el público, jóvenes como Laura, nacieron en un lugar y un tiempo en los que existen menos conflictos, más prosperidad y más libertad de los que nunca haya habido en la historia de la humanidad. Pero, si así ocurre, no es porque los más oscuros impulsos del ser humano se hayan desvanecido. Incluso aquí, en Europa, hemos asistido a una limpieza étnica en los Balcanes que ha sacudido profundamente nuestra conciencia.

Las dificultades que conllevan la integración y la globalización, recientemente agravadas por la peor crisis económica que nos ha tocado vivir, han golpeado al proyecto europeo y estimulado el ascenso de políticas dirigidas, demasiado a menudo, contra los inmigrantes o los gais o quienes parecen diferentes de uno u otro modo.

La tecnología, si bien ha abierto un inmenso abanico de posibilidades para el comercio, la innovación y el entendimiento entre culturas, también ha permitido que los terroristas cometan asesinatos a una escala aterradora. En todo el mundo, la guerra sectaria y los conflictos étnicos siguen cobrándose miles de víctimas. Y, una vez más, somos testigos de cómo algunos creen que las naciones más grandes pueden acosar a las

---

dos Unidos para luchar contra la segregación en los autobuses públicos. [*N. de los t.*]

más pequeñas para salirse con la suya; una nueva variación de la ley del más fuerte.

Así que hoy estoy aquí para insistir en que nunca debemos dar por hecho el progreso que se ha conquistado en Europa y se ha extendido por todo el mundo, porque la contienda ideológica prosigue también para vosotros, los jóvenes de esta generación. Y eso es lo que está en juego hoy en Ucrania. Los líderes rusos están cuestionando verdades que hace apenas unas semanas parecían evidentes; por ejemplo, que en el siglo XXI las fronteras de Europa no pueden rectificarse por la fuerza, que las leyes internacionales tienen su importancia o que las personas y las naciones pueden tomar sus propias decisiones de futuro.

Para decirlo con toda franqueza, si veláramos estrictamente por nuestros intereses, si aplicáramos el frío e insensible cálculo, quizá decidiríamos mirar a otro lado. Nuestra economía no está demasiado vinculada con la de Ucrania. Para nuestro pueblo y nuestra nación, la invasión de Crimea no constituye una amenaza directa. Nuestras propias fronteras no se ven amenazadas por la anexión rusa. Pero ese tipo de cómoda indiferencia ignoraría las lecciones grabadas en los cementerios de este continente. Permitiría que los viejos métodos recobraran su pujanza en este joven siglo. Y el mensaje se oiría no solo en Europa, sino también en Asia y en toda América, en África y en Oriente Medio.

Las consecuencias que se derivarían de esa autocomplacencia no son meras abstracciones. Debemos representarnos en la imaginación las repercusiones que causan en la vida de personas reales, de hombres y mujeres como nosotros. Pensemos, por ejemplo, en los jóvenes de Ucrania que estaban resueltos a recobrar su futuro de manos de un Gobierno corrupto, veamos los retratos de los caídos por las balas de los francotiradores y a los visitantes que les presentan sus respetos en la plaza del Maidán. Había una estudiante universitaria, envuelta en la bandera de Ucrania, que manifestaba su esperanza de que «todos los países se rijan por el cumplimiento de la ley». O un estudiante de posgrado que, al referirse a sus compañeros de protesta, decía: «Quiero que las personas que están aquí tengan dignidad». Imaginemos que somos la joven que dijo: «Hay cosas que el miedo, las porras de la policía o el gas lacrimógeno no pueden destruir».

Nunca nos hemos encontrado con esas personas, pero las conocemos. Sus voces nos devuelven las demandas de respeto a la dignidad humana que resonaron en las calles y plazas europeas durante generaciones. Sus voces repiten las de aquellas personas que en todo el mundo luchan ahora mismo por su dignidad. Esos ciudadanos ucranianos rechazaron un Gobierno que robaba a la gente en vez de servirla, y tratan de alcanzar los mismos ideales que a nosotros nos permiten estar aquí hoy.

Ninguno de nosotros puede saber lo que sucederá en Ucrania en los próximos días, pero confío en que al final esas voces —las voces por la dignidad humana, las oportunidades, los derechos individuales y el Estado de derecho—, confío en que esas voces puedan triunfar. Creo que a largo plazo, como naciones libres y personas libres, el futuro nos pertenece. Y lo creo no porque sea ingenuo, ni tampoco por la fuerza de nuestro armamento o la magnitud de nuestra economía; lo creo porque los ideales que sostenemos son verdaderos; porque esos ideales son universales.

Sí, creemos en la democracia, democracia con unas elecciones libres y justas, con un poder judicial independiente y partidos de la oposición, con una sociedad civil y libertad para informar sin censuras para que cada cual pueda elegir por sí mismo. Sí, creemos en las economías abiertas basadas en el libre mercado y la innovación, en la iniciativa individual y el carácter emprendedor, en el comercio y la inversión que favorece una mayor prosperidad. Y, sí, creemos en la dignidad humana, en que todos hemos sido creados iguales, sin que importe quién seas, ni el aspecto que tengas ni a quién ames o de dónde seas. En eso creemos. Eso es lo que nos hace fuertes.

Y nuestra perdurable fortaleza se refleja también en nuestro respeto por un sistema internacional que protege los derechos tanto de las naciones como de las personas: las Naciones Unidas y la Declaración Universal de los Derechos Humanos; las leyes internacionales y los instrumentos para el cumplimiento de esas leyes. Pero también sabemos que esas normas no se ejecutan por sí solas; dependen de su reafirmación constante por parte de las personas y las naciones de buena voluntad. Y por esa razón la violación rusa de la ley internacional –su asalto a la soberanía y a la integridad territorial de Ucrania– debe ser condenada. No porque nuestra intención sea controlar a Rusia, sino porque debemos elevar los principios que tanto han significado para Europa y el mundo.

En estos últimos días, los Estados Unidos, Europa y nuestros socios de todo el mundo se han mostrado unidos en la defensa de esos ideales, unidos en el apoyo al pueblo de Ucrania. Juntos, hemos condenado la invasión rusa de Ucrania y rechazado la legitimidad del referéndum en Crimea. Juntos, hemos aislado políticamente a Rusia, la hemos apartado del G8 y hemos restringido nuestras relaciones bilaterales. Juntos, estamos imponiendo un coste por medio de sanciones que han causado fuerte impacto en Rusia y en los responsables de estas acciones. Y si el Gobierno ruso persiste en mantener el rumbo actual, juntos nos aseguraremos de acrecentar este aislamiento. Se ampliarán las sanciones, y el precio para la economía rusa, así como para su posición en el mundo, será mayor.

Entre tanto, los Estados Unidos y nuestros aliados continuaremos apoyando al Gobierno de Ucrania mientras delinea su itinerario democrático. Juntos, ofreceremos un importante conjunto de medidas de asistencia que ayuden a estabilizar la economía ucraniana y atiendan las necesidades básicas del pueblo. Pero que nadie se engañe: ni los Estados Unidos ni Europa tienen el más mínimo interés en controlar Ucrania. No hemos enviado tropas allí. Lo que queremos es que el pueblo ucraniano pueda tomar sus propias decisiones, como cualquier otro pueblo libre del mundo.

Debe entenderse, asimismo, que no se trata tampoco de comenzar otra Guerra Fría. Después de todo, a diferencia de la Unión Soviética, Rusia no lidera un bloque de naciones ni una ideología de alcance mundial. Los Estados Unidos y la OTAN no buscan el conflicto con Rusia. De hecho, durante más de sesenta años, todos hemos trabajado juntos en la OTAN no para reclamar otros territorios, sino para preservar la libertad de las naciones. Lo que haremos, siempre, será respetar nuestra solemne obligación, nuestro artículo 5, el deber de defender la soberanía y la integridad territorial de nuestros aliados. Y en el cumplimiento de esa promesa nunca vacilaremos: las naciones de la OTAN nunca estarán solas.

Hoy, aviones de la OTAN patrullan por el cielo de los países bálticos, y hemos reforzado nuestra presencia en Polonia. Y estamos preparados para hacer todavía más. En el futuro, cada Estado miembro de la OTAN debe dar un paso adelante y asumir su parte en las responsabilidades conjuntas, demostrar la voluntad política de invertir en nuestra defensa colectiva y desarrollar su capacidad para ponerse al servicio de la paz y la seguridad internacionales.

Por supuesto, Ucrania no es miembro de la OTAN, en parte por su compleja historia tan estrechamente vinculada a Rusia.

Ni tampoco Rusia va a ser desalojada de Crimea, ni se utilizará la fuerza militar para disuadirla de un ulterior incremento de sus actuaciones allí. Pero, con el tiempo, siempre que permanezcamos unidos, el pueblo de Rusia se dará cuenta de que no puede disfrutar de seguridad, de prosperidad y del estatus deseado valiéndose de la fuerza bruta. Y por eso, en esta crisis, combinaremos la presión sustancial sobre Rusia con una puerta abierta a la diplomacia. Creo que, tanto para Ucrania como para Rusia, la paz estable ha de conseguirse mediante la reducción de la tensión entre ambos: mediante el diálogo directo entre Rusia, el Gobierno de Ucrania y la comunidad internacional; mediante el envío de observadores que garanticen que se protegen los derechos de todos los ucranianos; iniciando un proceso de reforma constitucional en Ucrania, y convocando unas elecciones libres y justas para la próxima primavera.

Hasta ahora, Rusia ha ignorado la vía diplomática, se ha anexionado Crimea y ha concentrado un numeroso contingente en la frontera de Ucrania. Rusia ha justificado estas acciones aduciendo que pretenden prevenir problemas en sus propias fronteras y proteger a los rusos étnicos de Ucrania. Por supuesto, no hay pruebas, y nunca las ha habido, de que en Ucrania exista una violencia sistémica contra los rusos étnicos. Es más, numerosos países en todo el mundo se enfrentan a problemas similares en relación con sus fronteras y minorías en otros países, o en relación con su soberanía y autodeterminación. Este tipo de tensiones en otros lugares han desembocado en debates y referendos democráticos, o en conflictos y una coexistencia problemática. Son asuntos difíciles y, precisamente por tratarse de cuestiones espinosas, deben abordarse recurriendo a medios constitucionales y leyes internacionales, de modo que las mayorías no puedan anular sin más a las minorías, y que los países grandes no puedan abusar impunemente de los pequeños.

Para defender su actuación, los gobernantes rusos han declarado que existía el precedente de Kosovo, un ejemplo, según ellos, de la intromisión de Occidente en los asuntos de un pequeño país, de modo similar a como ellos están haciendo ahora. Pero la OTAN solo intervino después de que el pueblo de Kosovo fuera sistemáticamente maltratado y asesinado durante años. Y Kosovo solo abandonó Serbia después de que se organizara un referéndum, no al margen de las leyes internacionales, sino en estrecha cooperación con las Naciones Unidas y los países vecinos de Kosovo. Nada remotamente parecido ha ocurrido en Crimea.

Al mismo tiempo, Rusia ha señalado la decisión de los Estados Unidos de entrar en Irak como un ejemplo de la hipocresía occidental. Sin duda, la guerra de Irak fue objeto de encendidos debates en todo el mundo, y también lo fue en los Estados Unidos. Yo participé en ese debate y me opuse a nuestra intervención militar allí. Pero, incluso en Irak, los Estados Unidos siempre pretendieron actuar dentro de la legalidad internacional. Nunca reclamamos o nos anexionamos territorios iraquíes. No les arrebatamos sus recursos para usarlos en nuestro beneficio. En lugar de eso, pusimos fin a la guerra y dejamos Irak en manos de su pueblo y de un Estado iraquí plenamente soberano que pudiera tomar decisiones sobre su propio futuro.

Desde luego, ni los Estados Unidos ni Europa somos perfectos en la adhesión a nuestros ideales, ni afirmamos ser los únicos árbitros para dictaminar qué está bien o mal en el mundo. Somos humanos, al fin y al cabo, y nos enfrentamos a elecciones difíciles sobre la manera de ejercer nuestro poder. Pero lo que, en parte, nos hace diferentes es que aceptamos de buen grado las críticas, como aceptamos de buen grado las responsabilidades que conlleva el liderazgo mundial.

Miramos al este y al sur y vemos naciones preparadas para desempeñar un creciente papel en la escena internacional, y eso nos parece positivo. Porque es reflejo de la diversidad que nos hace más fuertes como nación y de las fuerzas de integración y cooperación que Europa ha impulsado durante décadas. Y, en un mundo en el que los desafíos son cada vez más de ámbito mundial, a todos nos interesa que las naciones den un paso al frente para desempeñar un papel, asumir su parte en las responsabilidades colectivas y defender las normas internacionales.

Por tanto, existe una diferencia abismal entre nuestro enfoque y los argumentos recientemente esgrimidos por Rusia. Resulta absurdo sugerir –como repiten insistentemente algunas voces rusas– que los Estados Unidos están conspirando de algún modo con los fascistas de Ucrania o que le están faltando al respeto al pueblo ruso. Mi abuelo sirvió en el ejército de Patton, del mismo modo que muchos de los padres y abuelos de los aquí presentes lucharon contra el fascismo. Los estadounidenses recordamos bien los sacrificios inimaginables del pueblo ruso durante la Segunda Guerra Mundial, y hemos rendido homenaje a esos sacrificios.

Desde el fin de la Guerra Fría, hemos trabajado con los sucesivos Gobiernos rusos para tender puentes culturales y comerciales e impulsar la comunidad internacional, no como favor a Rusia, sino porque eso formaba parte de nuestros intereses como nación. Y, juntos, hemos reforzado la seguridad de los materiales nucleares para evitar que caigan en manos de terroristas. Hemos dado la bienvenida a Rusia en el G8 y en la Organización Mundial del Comercio. Desde la reducción de los arsenales nucleares hasta la supresión de las armas químicas de Siria, estamos convencidos de que el mundo se ha beneficiado cuando Rusia ha decidido cooperar sobre la base del interés y el respeto mutuos.

Así que a los Estados Unidos, y al mundo y a Europa, les interesa que haya una Rusia fuerte y responsable, y no una Rusia débil. Deseamos que el pueblo ruso viva con la misma seguridad, prosperidad y dignidad que cualquier otro pueblo; que viva orgulloso de su propia historia. Pero eso no significa que Rusia pueda pisotear a sus vecinos. Por más que la historia de ambos países esté fuertemente entrelazada, eso no significa que Rusia pueda dictar el futuro de Ucrania. No hay propaganda suficiente para convertir en justo lo que el mundo sabe que es injusto.

En definitiva, es cada sociedad la que debe trazar su propio rumbo. La senda de los Estados Unidos o la senda de Europa no son las únicas para alcanzar la libertad y la justicia. Pero en el principio fundamental que está en juego aquí –la capacidad de las naciones y los pueblos de tomar sus propias decisiones– no puede haber vuelta atrás. No fueron los Estados Unidos quienes llenaron el Maidán de manifestantes; fueron los ucranianos. Ninguna fuerza aliada obligó a los ciudadanos de Túnez y Trípoli a levantarse; lo hicieron por voluntad propia. Desde los parlamentarios birmanos que trabajan por la reforma del país hasta los jóvenes líderes que combaten la corrupción y la intolerancia en África, hay algo irreductible que todos compartimos como seres humanos, una verdad que pervivirá frente a la violencia y la represión y que acabará por triunfar.

A los jóvenes que están aquí hoy les digo: ya sé que parece fácil ver estos acontecimientos como algo al margen de nuestras vidas, algo que queda muy lejos de nuestra rutina diaria, lejos de otras preocupaciones que nos resultan más cercanas. Reconozco que tanto en los Estados Unidos como en gran parte de Europa tenemos preocupaciones de sobra con los asuntos de nuestros propios países. Siempre habrá voces que digan que lo que ocurre en el resto del mundo no nos concierne, que no es responsabilidad nuestra. Pero nunca debemos olvidar que somos herederos de la lucha por la libertad. Nuestra democracia y las oportunidades individuales de que disfrutamos existen solo porque aquellos que nos precedieron tuvieron el buen juicio y el valor de reconocer que nuestros ideales solo perdurarán si vemos como propio el éxito de otros pueblos y otras naciones.

No es ahora tiempo de bravuconadas. La situación en Ucrania, al igual que otras crisis en otros muchos lugares del mundo, no tiene una respuesta fácil ni una solución militar. Pero, en este momento, debemos responder al desafío de nuestros ideales –y al propio orden internacional– con vigor y convicción.

Y sois vosotros, los jóvenes de Europa, jóvenes como Laura, quienes contribuiréis a decidir en qué dirección fluirá la corriente de nuestra historia. No penséis ni por un instante que vuestra propia libertad, vuestra prosperidad y vuestros presupuestos morales no pueden trascender los límites de vuestra comunidad, etnia o incluso país. Vosotros sois más grandes que todo eso. Vosotros podéis ayudarnos a optar por una historia mejor. Eso es lo que Europa nos enseña. Esa es la esencia de la experiencia de los Estados Unidos.

Digo esto como presidente de un país que se miró en Europa para adoptar los valores recogidos en nuestros documentos fundacionales, un país que derramó sangre para garantizar que esos valores pervivieran a este lado del océano. También lo digo como hijo de un keniano y como alguien cuyo abuelo fue cocinero de los británicos, como alguien que vivió en una Indonesia que salía del colonialismo. Los ideales que nos unen son igual de importantes para los jóvenes de Boston o Bruselas, de Yakarta o Nairobi, de Cracovia o Kiev.

En última instancia, el éxito de nuestros ideales depende de nosotros, y eso significa también que depende del ejemplo que demos en nuestra vida o que dé nuestra sociedad. Sabemos que siempre habrá intolerancia. Pero, en lugar de temer al inmigrante, podemos acogerlo. Podemos insistir en políticas que beneficien a la mayoría, no solo a unos pocos; hacer que esta era de globalización y cambios vertiginosos abra la puerta de las oportunidades a los marginados, y no solo a unos cuantos privilegiados. En lugar de atacar a nuestros hermanos gais y nuestras hermanas lesbianas, podemos valernos de nuestras leyes para proteger sus derechos. En lugar de definirnos a nosotros mismos por oposición a otros, podemos reafirmar las aspiraciones que tenemos en común con ellos. Eso es lo que hará fuerte a los Estados Unidos; lo que hará fuerte a Europa. Eso es lo que nos hace ser quienes somos.

Y al tiempo que asumimos nuestras responsabilidades como individuos, debemos prepararnos también para asumirlas como naciones. Porque vivimos en un mundo en el que nuestros ideales serán cuestionados una y otra vez por fuerzas que desean arrastrarnos al conflicto y la corrupción. No podemos confiar en que sean otros quienes se alcen para afrontar esas pruebas. Las políticas de vuestros Gobiernos y los principios de vuestra Unión Europea tendrán una influencia decisiva a la hora de determinar si este orden internacional, que tantas generaciones anteriores a la vuestra han luchado para crear, sigue adelante o retrocede.

Y esa es la pregunta que todos debemos responder: qué clase de Europa, qué clase de Estados Unidos, qué clase de mundo vamos a dejar tras nosotros. Y estoy convencido de que, si nos mantenemos firmes en nuestros principios y estamos dispuestos a defender nuestras convicciones con coraje y resolución, la esperanza terminará por derrotar al miedo, y la libertad seguirá triunfando sobre la tiranía; porque eso es lo que siempre mueve al corazón humano.

Muchas gracias. *[Aplausos.]*

10 de septiembre de 2014
DECLARACIONES DEL PRESIDENTE
SOBRE EL ESTADO ISLÁMICO
Piso de Estado, Casa Blanca
Washington, D. C.

Queridos conciudadanos, esta noche quiero hablaros de las acciones que los Estados Unidos acometeremos junto con nuestros amigos y aliados con el fin de degradar y acabar aniquilando al grupo terrorista conocido còmo el Estado Islámico de Irak y el Levante o EEIL, también llamado Dáesh.

Como comandante en jefe, mi máxima prioridad es la seguridad de los estadounidenses. En el transcurso de los últimos años hemos combatido sin cese a los terroristas que amenazan a nuestro país. Eliminamos a Osama bin Laden y a gran parte de la cúpula de Al Qaeda en Afganistán y Pakistán. Atacamos a la filial de Al Qaeda en Yemen y recientemente eliminamos al máximo comandante de su franquicia en Somalia. Y hemos llevado todo esto a cabo a la par que replegábamos a más de 140.000 soldados estadounidenses de Irak y reducíamos el número de tropas desplegadas en Afganistán, donde nuestra misión de combate concluirá este mismo año. Gracias a nuestros profesionales en asuntos militares y contraterrorismo, Estados Unidos es hoy un lugar más seguro.

Pese a ello, continuamos afrontando una amenaza terrorista. No podemos borrar todo rastro de mal en el mundo y reducidos grupos de asesinos tienen la capacidad de causar mucho daño. Así ocurría antes del 11 de Septiembre y así sigue ocurriendo hoy en día. Precisamente por ello debemos mantenernos vigilantes ante las nuevas amenazas que afloran. En la actualidad, las más importantes proceden de Oriente Próximo y África del Norte, donde grupos radicales aprovechan las injusticias en beneficio propio. Uno de esos grupos es Dáesh o EEIL, el sedicente «Estado Islámico».

Ante todo, cabe aclarar dos cosas: EEIL no es «islámico». Ninguna religión aprueba el asesinato de inocentes. Y la inmensa mayoría de las víctimas de EEIL han sido musulmanes. Por otro lado, EEIL no es ningún Estado. Surgió como filial de Al Qaeda en Irak y ha aprovechado los conflictos sectarios y la guerra civil en Siria para ganar terreno a ambos lados de la frontera entre Irak y Siria. No cuenta con el reconocimiento de ningún gobierno ni del pueblo al cual subyuga. EEIL es una organización terrorista y su único objetivo es masacrar a todo aquel que se interponga en su camino.

En una región que ha conocido tanto derramamiento de sangre, estos terroristas exhiben una brutalidad sin parangón. Ejecutan a los prisioneros capturados. Asesinan a niños. Esclavizan, violan y obligan a las mujeres al matrimonio. Amenazaron a una minoría religiosa con el genocidio. Y, en sus actos de barbarismo, también arrebataron la vida a dos periodistas estadounidenses: Jim Foley y Steven Sotloff.

Dáesh, por consiguiente, supone una amenaza para la población iraquí y siria, y para Oriente Próximo en su conjunto, incluidos los ciudadanos, el personal y las instalaciones estadounidenses que se encuentran allí. Si no se los controla, estos terroristas podrían representar una amenaza creciente allende esa región, incluso en los Estados Unidos. Y si bien aún no hemos detectado ningún plan contra nuestra patria, los líderes de Dáesh sí han amenazado a Estados Unidos y a nuestros aliados. Nuestros servicios de inteligencia creen que miles de extranjeros, incluidos europeos y algunos estadounidenses, se les han unido en Siria e Irak. Entrenados y endurecidos por la guerra, estos combatientes podrían intentar regresar a sus países de origen y perpetrar ataques letales.

Soy consciente de que a muchos estadounidenses les preocupan estas amenazas. Esta noche quiero que sepáis que Estados Unidos las está afrontando con contundencia y resolución. El mes pasado ordené a nuestro ejército que acometiera acciones dirigidas contra Dáesh para frenar su avance. Desde entonces, hemos llevado a término más de ciento cincuenta ataques aéreos fructuosos en Irak. Dichos ataques han protegido al personal y las instalaciones estadounidenses, han aniquilado a combatientes de Dáesh, han destruido armas y han dado espacio a los ejércitos iraquí y kurdo para reclamar territorios clave. Además, tales ataques han contribuido a salvar las vidas de miles de hombres, mujeres y niños inocentes.

Ahora bien, no estamos solos en esta lucha. El poderío de Estados Unidos puede suponer una diferencia decisiva, pero no podemos hacer por los iraquíes lo que deben hacer por sí mismos ni podemos asumir el lugar de nuestros socios árabes en la defensa de su región. De ahí mi insistencia en que las acciones adicionales estadounidenses dependieran de que los iraquíes formaran un Gobierno inclusivo, cosa que han hecho en los últimos días. Es por ello que esta noche, con un nuevo Gobierno ya vigente y tras consultas con aliados y con el Congreso estadounidense, estoy en disposición de anunciar que Estados Unidos liderará una amplia coalición para reducir esta amenaza terrorista.

Nuestro objetivo está claro: degradaremos y acabaremos por aniquilar a Dáesh mediante una estrategia de contraterrorismo total y sostenida.

En primer lugar, acometeremos una campaña sistemática

de ataques aéreos contra estos terroristas. En colaboración con el Gobierno iraquí, no limitaremos nuestros esfuerzos a proteger a nuestros propios ciudadanos y misiones humanitarias, sino que los ampliaremos y atacaremos objetivos de Dáesh mientras las fuerzas iraquíes perpetran la ofensiva. Además, he dejado claro que daremos caza a los terroristas que amenazan a nuestro país, estén donde estén. Y eso significa que no dudaré en actuar contra Dáesh en Siria, así como en Irak. Este es un principio nuclear de mi presidencia: quien amenace a los Estados Unidos no hallará lugar donde ocultarse.

En segundo lugar, incrementaremos nuestro apoyo a los ejércitos que combaten a estos terroristas sobre el terreno. En junio ordené el despliegue de varios centenares de soldados estadounidenses en Irak con el fin de que evaluaran el mejor modo de prestar apoyo a las fuerzas de seguridad iraquíes. Ahora que estos equipos han concluido su trabajo y que Irak ha instituido un nuevo Gobierno, enviaremos otros 475 soldados al país. Como he dicho con anterioridad, estas tropas estadounidenses no partirán en misión de combate: no seremos arrastrados a una nueva guerra sobre el terreno en Irak. Sin embargo, son necesarias para proveer a los ejércitos iraquí y kurdo entrenamiento, inteligencia y equipamiento. Además, respaldaremos los esfuerzos de Irak por desplegar a las unidades de la Guardia Nacional iraquí con vistas a ayudar a las comunidades suníes a desembarazarse del control de EEIL.

Al otro lado de la frontera, en Siria, hemos redoblado nuestra colaboración militar con la oposición del país. Esta noche solicito al Congreso que nos otorgue la autoridad y los recursos adicionales necesarios para entrenar y equipar a estos combatientes. En la lucha contra EEIL, no podemos confiar en el régimen de El Asad, que aterroriza a su propia población, un régimen que no recuperará nunca la legitimidad perdida.

En su lugar, debemos reforzar la oposición como el mejor contrapeso a extremistas como EEIL, al tiempo que buscamos la solución política necesaria para resolver la crisis de Siria de una vez por todas.

En tercer lugar, continuaremos recurriendo a nuestras sustanciales capacidades en materia de contraterrorismo para evitar ataques de EEIL. En colaboración con nuestros socios, redoblaremos nuestros esfuerzos por cortar su financiación, mejorar nuestros servicios de inteligencia, reforzar nuestras defensas, contrarrestar su retorcida ideología y detener el flujo de combatientes extranjeros que entran o salen de Oriente Próximo. Asimismo, en el plazo de dos semanas presidiré una reunión del Consejo de Seguridad de la ONU para movilizar aún más a la comunidad internacional en torno a esta campaña.

En cuarto lugar, continuaremos proveyendo asistencia humanitaria a los civiles inocentes que han sido desplazados por esta organización terrorista. Entre ellos se incluyen musulmanes suníes y chiíes que se encuentran en grave riesgo, así como decenas de miles de cristianos y otras minorías religiosas. No podemos permitir que estas comunidades sean expulsadas de sus patrias ancestrales.

Esta será, por consiguiente, nuestra estrategia. Y en cada una de las cuatro partes que engloba, Estados Unidos sumará fuerzas con una amplia coalición de socios. Al igual que nosotros, nuestros aliados ya están enviando aviones sobre Irak; proporcionando armamento y asistencia a las fuerzas de seguridad iraquíes y a la oposición siria; compartiendo la información obtenida mediante los servicios de inteligencia, y aportando miles de millones de dólares en ayuda humanitaria. El secretario Kerry se ha reunido hoy en Irak con el nuevo Gobierno para respaldar sus esfuerzos de fomentar la unidad. Y en los próximos días viajará por todo Oriente Próximo y Europa con el fin de reclutar a más socios en esta lucha, en especial a países árabes que puedan ayudar a movilizar a las comunidades suníes de Irak y Siria a expulsar a estos terroristas de sus tierras. Nos hallamos ante un ejemplo del mejor liderazgo que puede representar Estados Unidos: nos alzamos del bando de quienes luchan por su libertad y reclutamos a otros países en nombre de nuestra seguridad y de la humanidad que compartimos.

En nuestro país, el Gobierno que presido cuenta asimismo con el apoyo de los dos partidos en la adopción de esta estrategia. Tengo la autoridad para tratar la amenaza que supone EEIL, pero creo que, en tanto que nación, somos más fuertes cuando el presidente y el Congreso suman esfuerzos. De manera que doy las gracias al Congreso por su apoyo en este asunto para poder demostrar al mundo que los estadounidenses estamos unidos en la lucha contra este peligro.

Ahora bien, erradicar un cáncer como EEIL llevará tiempo. Y cada vez que acometemos una acción militar, esta entraña riesgos, sobre todo para los soldados, hombres y mujeres, que llevan a término estas misiones. Pero quiero dejar claro al pueblo estadounidense que esta campaña será distinta de las guerras de Irak y Afganistán. En esta ocasión, no habrá tropas de combate estadounidenses luchando en suelo extranjero. Esta campaña contraterrorista consistirá en aplicar una estrategia constante e implacable por erradicar a EEIL de donde exista empleando nuestra fuerza aérea y brindando nuestro apoyo a los ejércitos aliados sobre el terreno. Durante años, hemos aplicado con éxito esta estrategia de eliminar a los terroristas que nos amenazan al tiempo que respaldamos a nuestros socios en las líneas de frente en Yemen y Somalia. Se trata de una estrategia coherente con el planteamiento que resumí anteriormente este mismo año: utilizar la fuerza contra cualquiera que amenace los intereses nucleares de Estados Unidos, pero movilizar a nuestros socios siempre que sea posible para afrontar los desafíos de mayor alcance al orden internacional. Conciudadanos, son tiempos de grandes cambios. Mañana se cumplirán trece años del ataque en nuestro suelo. La semana que viene se cumplirán seis años desde que nuestra economía sufrió el peor varapalo desde la Gran Depresión. No obstante, pese a estos impactos, pese al dolor que hemos padecido y al extenuante trabajo que ha sido preciso para revertir la situación, en el presente Estados Unidos ocupa una mejor posición que ningún otro país en la Tierra para afrontar el futuro.

Nuestras empresas tecnológicas y nuestras universidades no tienen parangón en el mundo. Nuestras industrias de fabricación y automovilísticas prosperan. La independencia energética está hoy más cerca de lo que lo ha estado en décadas. Y en cuanto al trabajo que queda por hacer, nuestras empresas registran el periodo de creación de empleo ininterrumpido más dilatado de nuestra historia. A pesar de todas las divisiones y las discordias en el seno de nuestra democracia, percibo el coraje, la determinación y la bondad común del pueblo estadounidense cada día... y ello me hace estar más seguro que nunca del futuro de nuestro país.

En el extranjero, el liderazgo estadounidense es la única constante en un mundo incierto. Los Estados Unidos han demostrado tener la capacidad y la voluntad de movilizar al mundo contra los terroristas. Los Estados Unidos han aunado al mundo en contra de la agresión rusa y en apoyo del derecho del pueblo ucraniano a determinar su propio destino. Los Estados Unidos, nuestros científicos, nuestros médicos y nuestros conocimientos, pueden ayudar a contener y curar el brote del Ébola. Fueron los Estados Unidos los que ayudaron a retirar y destruir las armas químicas declaradas de Siria para que no vuelvan a suponer una amenaza para el pueblo sirio o el mundo en su conjunto. Y son los Estados Unidos los que están ayudando a comunidades musulmanas de todo el mundo no solo a combatir el terrorismo, sino a luchar por tener oportunidades, por la tolerancia y por un futuro más esperanzador.

Conciudadanos, nuestras bendiciones infinitas acarrean una carga eterna. Pero, en tanto que americanos, aceptamos nuestra responsabilidad de liderar. Desde Europa hasta Asia, desde los puntos más remotos de África hasta las capitales azotadas por la guerra de Oriente Próximo, nos alzamos en defensa de la libertad, la justicia y la dignidad. Tales son los valores que han guiado a nuestra patria desde su fundación.

Esta noche solicito vuestro apoyo para continuar adelante con nuestro liderazgo. Y lo hago en tanto que comandante en jefe que no podría sentirse más orgulloso de nuestros hombres y mujeres uniformados, pilotos que sobrevuelan con valentía Oriente Próximo, desafiando los peligros, y soldados que apoyan a nuestros socios sobre el terreno.

Cuando ayudamos a impedir la masacre de civiles atrapados en una montaña lejana, estas fueron las palabras que pronunció uno de ellos: «Debemos nuestras vidas a nuestros amigos americanos. Nuestros hijos siempre recordarán que hubo alguien que conoció nuestra lucha y recorrió un largo trayecto por proteger a personas inocentes».

Esa es la diferencia que marcamos en el mundo. Y nuestra propia seguridad depende de nuestra voluntad de hacer lo que sea preciso para defender esta nación y los valores que representamos, ideales atemporales que pervivirán mucho después de que quienes solo ofrecen odio y destrucción se hayan desvanecido de la faz de la Tierra.

¡Que Dios bendiga a nuestras tropas y que Dios bendiga a los Estados Unidos de América!

23 de septiembre de 2014

DISCURSO DEL PRESIDENTE EN LA CUMBRE SOBRE EL CAMBIO CLIMÁTICO EN LA ONU

Sede de las Naciones Unidas
Nueva York, Nueva York

EL PRESIDENTE: Señor presidente, señor secretario general, mandatarios y mandatarias: Con respecto a todos los desafíos inmediatos que nos proponemos abordar a lo largo de esta semana (terrorismo, inestabilidad, desigualdad y enfermedad), existe un aspecto que definirá los contornos de este siglo con más contundencia que ningún otro: la amenaza urgente y creciente del cambio climático.

Han transcurrido cinco años desde que muchos de los aquí presentes nos reunimos en Copenhague. Desde entonces, nuestra comprensión del cambio climático ha avanzado. No solo la ciencia afirma de manera más inequívoca que esta amenaza antaño distante se ha instalado «firmemente en el presente», sino que el azote de fenómenos climáticos extremos cada vez más frecuentes ilustra con claridad qué podrían entrañar tales cambios para las generaciones futuras.

Ningún país es inmune al cambio climático. La pasada década ha sido la más calurosa en Estados Unidos desde que se tiene registro. En la Costa Este, la ciudad de Miami se inunda ahora con las mareas altas. En el oeste, la temporada de incendios forestales se extiende hoy a gran parte del año. Y en el interior del país, las granjas han padecido la peor sequía en generaciones antes de quedar anegadas por la primavera más lluviosa de nuestra historia. Un huracán dejó zonas de esta gran ciudad a oscuras y sin suministro de agua. Y algunos países lidian con situaciones mucho peores. En todo el mundo, este verano ha sido el más caluroso registrado en toda la historia, mientras las emisiones planetarias de carbono continúan al alza.

Así pues, el clima cambia más rápidamente que nuestros esfuerzos por abordar este tema. Las alarmas siguen sonando. Nuestras poblaciones siguen manifestándose. No podemos fingir que no las oímos. Debemos dar respuesta a su llamamiento. Sabemos lo que tenemos que hacer para evitar un daño irreparable. Tenemos que reducir la contaminación de carbono en nuestros países para evitar las consecuencias más nefastas del cambio climático. Debemos adaptarnos a unos impactos que, desgraciadamente, ya no podemos sortear. Y debemos trabajar en colaboración, como una comunidad global, para combatir esta amenaza antes de que sea demasiado tarde.

No podemos condenar a nuestros hijos, y a los hijos de nuestros hijos, a un futuro irreparable. No cuando disponemos de los medios (la innovación tecnológica y la imaginación científica) para iniciar la labor de reparación sin dilación.

Tal como ha expresado un gobernador estadounidense: «Somos la primera generación en notar las repercusiones del cambio climático y la última generación que puede hacer algo para detenerlo». Por eso hoy acudo aquí en persona, como líder de la mayor economía del planeta y del segundo emisor principal, para explicar que hemos empezado a «hacer algo para detenerlo».

Estados Unidos ha realizado ambiciosas inversiones en energías limpias, así como importantes reducciones en las emisiones de carbono. Actualmente aprovechamos el triple de electricidad eólica y diez veces más energía solar que cuando yo ascendí a la Presidencia. En el plazo de una década, nuestros automóviles recorrerán el doble de kilómetros con cada galón1 de gasolina y, a día de hoy, todos los fabricantes automovilísticos de primera línea ofrecen ya vehículos eléctricos. Hemos efectuado inversiones sin precedentes para recortar el gasto energético en nuestros hogares, en nuestros edificios y en nuestros electrodomésticos, todo lo cual ahorrará a los consumidores miles de millones de dólares. Y mantenemos nuestro compromiso de ayudar a las comunidades a crear infraestructuras resistentes al cambio climático.

Dicho todo esto, estos avances han contribuido a generar puestos de trabajo, a impulsar nuestra economía y a reducir nuestra contaminación de carbono a los niveles más bajos en casi dos décadas, lo cual demuestra que un medio ambiente sano no es antagónico con un crecimiento económico robusto.

En el transcurso de los pasados ocho años, Estados Unidos ha reducido su contaminación de carbono total más que ningún otro país en la Tierra. Pero nos falta mucho por hacer. El año pasado promulgué el primer Plan de Acción Climática de Estados Unidos con el fin de duplicar nuestros esfuerzos. Con acuerdo a dicho plan, mi Gobierno está colaborando con estados e instalaciones para establecer los primeros estándares de la historia que recortarán la contaminación de carbono que nuestras centrales eléctricas pueden emitir a la atmósfera. Y, cuando así sea, este se consagrará como el paso único más importante y significativo que Estados Unidos ha dado para reducir las emisiones de carbono.

La semana pasada anunciamos una serie de nuevas actuaciones relativas a las energías renovables y a la eficiencia energética, que ahorrarán a los consumidores más de diez mil millones en la factura energética y reducirán la contaminación de

1. Un galón equivale a cuatro litros, aproximadamente. [*N. de los t.*]

carbono en casi trescientos millones de toneladas métricas de aquí a 2030. Ello equivale a sacar de la carretera a sesenta millones de vehículos durante un año.

Asimismo, me reuní con un grupo de figuras destacadas del sector privado, quienes han accedido a adoptar medidas para reducir el consumo de los peligrosos gases de efecto invernadero conocidos como HFC, una reducción que se situará en un ochenta por ciento antes de 2050.

Además, más de cien países han accedido a iniciar conversaciones para poner fin a la fabricación de HFC, de acuerdo con el Protocolo de Montreal, el mismo acuerdo que el mundo utilizó con éxito para erradicar la fabricación de sustancias químicas que agotan la capa de ozono.

El presidente chino, Xi Jinping, y yo hemos colaborado en este asunto. Hace apenas unos minutos me he reunido con el viceprimer ministro chino, Zhang Gaoli, a quien he reiterado mi convicción de que, por ser las dos economías y emisoras más importantes del mundo, tenemos la responsabilidad especial de liderar este camino. Eso es lo que hacen las grandes naciones. *[Aplausos.]*

Hoy hago un llamamiento a todos los países para que se nos unan, no el año que viene ni el siguiente, sino ahora mismo, porque ningún país puede afrontar esta amenaza mundial por sí solo. Además, Estados Unidos ha logrado que más aliados y socios se impliquen en la reducción de la contaminación de carbono y en la previsión de unas repercusiones inevitables. Dicho esto, la asistencia en materia climática que brinda Estados Unidos alcanza ya a más de 120 países del mundo. Estamos ayudando a otros países a saltarse la fase sucia del desarrollo, aplicando las tecnologías actuales, en lugar de duplicar los mismos errores y la degradación ambiental ocurridos en el pasado.

Estamos forjando asociaciones con empresarios africanos para lanzar proyectos de energías limpias. Estamos ayudando a granjeros a poner en práctica una agricultura con un enfoque climático inteligente y a plantar cosechas más duraderas. Estamos construyendo coaliciones internacionales para impulsar la acción, desde la reducción de las emisiones de metano de los oleoductos hasta el lanzamiento de un acuerdo de libre comercio para productos ambientales. Y hemos trabajado codo con codo con muchos de ustedes para hacer realidad el Fondo Verde para el Clima.

Pero seamos honestos. Nada de ello está exento de polémica. En cada uno de nuestros países hay intereses que se opondrán a la acción. Y en cada país existe la sospecha de que, si nosotros actuamos y los demás no lo hacen, afrontaremos una desventaja económica. Pero nos toca liderar. Y eso es lo que las Naciones Unidas y esta Asamblea General deben hacer.

Con todo, lo cierto es que, al margen de las medidas que adoptemos, algunas poblaciones se hallarán en riesgo. Los países que menos contribuyen al cambio climático suelen ser los que afrontan mayores pérdidas. Precisamente por ello, desde que ascendí a la Presidencia, Estados Unidos ha multiplicado por ocho su ayuda directa a la adaptación, y continuaremos haciéndolo.

Hoy solicito a los organismos federales que empiecen a contemplar la resistencia al cambio climático como un factor en nuestras inversiones y nuestros programas de desarrollo internacional. Y desde aquí anuncio un nuevo esfuerzo por desplegar las capacidades científicas y tecnológicas únicas de que dispone Estados Unidos, desde datos climáticos hasta sistemas de alerta precoz. Dicho esfuerzo engloba un nuevo partenariado que aprovechará los recursos y la experiencia de nuestras principales organizaciones filantrópicas y empresas del sector privado para ayudar a los países vulnerables a prepararse frente a los desastres climáticos y a trazar planes más adecuados para hacer frente a amenazas a largo plazo, como el aumento paulatino del nivel del mar.

Sin duda, es un trabajo arduo. Pero no debe quedar duda de que Estados Unidos salta a la palestra. Reconocemos el papel que hemos desempeñado en la creación de este problema y asumimos nuestra responsabilidad para combatirlo. Cumpliremos la parte que nos toca y ayudaremos a los países en desarrollo a cumplir la suya. Sin embargo, únicamente lograremos combatir el cambio climático si en este esfuerzo se nos suman todos los países, tanto los desarrollados como aquellos en vías de desarrollo. Nadie se libra.

Las economías emergentes que han registrado parte del crecimiento más dinámico en los últimos años también han emitido niveles crecientes de contaminación de carbono. Son esas economías emergentes las que probablemente producirán más y más emisiones de carbono en los años venideros. De manera que nadie puede quedar al margen de estos temas. Tenemos que aparcar las viejas divisiones. Debemos fomentar la ambición colectiva y hacer, cada uno de nosotros, cuanto esté en nuestras manos por afrontar este desafío planetario.

En esta ocasión necesitamos un acuerdo que refleje las realidades económicas de la próxima década, y más allá de ésta. Debe ser un acuerdo ambicioso, porque así lo exige la envergadura de este desafío. Debe ser asimismo un acuerdo inclusivo, porque cada país debe desempeñar su parte. Y, en efecto, también debe ser flexible, porque cada país tiene sus propias circunstancias.

Hace cinco años me comprometí a que Estados Unidos reduciría sus emisiones de carbono en la franja del diecisiete por ciento por debajo de los niveles de 2005 antes del año 2020.

Y alcanzaremos dicho objetivo. Además, a principios del año que viene aprobaremos nuestro próximo objetivo relativo a las emisiones, lo cual refleja la confianza que depositamos en la capacidad de nuestros emprendedores tecnológicos e innovadores científicos de alumbrar el camino.

Por ello, hoy hago un llamamiento a las principales economías para que procedan del mismo modo. Porque creo, en palabras de Martin Luther King, que sí puede llegarse demasiado tarde. Y por el bien de las generaciones futuras, nuestra generación debe avanzar hacia un pacto mundial para afrontar el cambio climático mientras estamos a tiempo de hacerlo.

Este desafío requiere ambición. Nuestros hijos merecen esa ambición. Y si actuamos ahora, si somos capaces de proyectar la mirada más allá del enjambre de eventos actuales y de algunos de los desafíos económicos y políticos que comportan, si colocamos el aire que respirarán nuestros hijos y los alimentos que comerán y sus esperanzas y sueños de prosperidad por delante de nuestros propios intereses a corto plazo, es posible que no lleguemos demasiado tarde para ellos.

Y aunque ustedes y yo posiblemente no vivamos para ser testigos de los frutos de nuestro trabajo, podemos actuar para ver cómo el siglo por delante no se caracteriza por el conflicto, sino por la colaboración; no por el sufrimiento humano, sino por el progreso humano. Y dejar a nuestros hijos, y a los hijos de nuestros hijos, un mundo más limpio y más sano, más próspero y más seguro.

Muchas gracias. Gracias. *[Aplausos.]*

20 de noviembre de 2014

DISCURSO DEL PRESIDENTE
A LA NACIÓN SOBRE LA INMIGRACIÓN

Pasillo Central, Casa Blanca
Washington, D. C.

EL PRESIDENTE: Queridos conciudadanos, esta noche me gustaría hablaros de la inmigración.

Durante más de doscientos años, nuestra tradición de acoger a inmigrantes procedentes de todo el mundo nos ha conferido una ventaja tremenda frente a otros países. Nos ha mantenido jóvenes, dinámicos y emprendedores. Ha moldeado nuestro carácter como personas con posibilidades ilimitadas, personas no atrapadas por su pasado, sino capaces de reinventarse a su antojo.

Sin embargo, en la actualidad, nuestro sistema de inmigración está roto, y todo el mundo lo sabe.

Las familias que entran en nuestro país por cauces legales y cumplen las leyes observan cómo otras las desobedecen. Empresarios que ofrecen a sus empleados buenos salarios y beneficios ven cómo la competencia explota a inmigrantes indocumentados a quienes paga mucho menos. A todos nos ofende ver a alguien que cosecha los beneficios de vivir en Estados Unidos sin asumir las responsabilidades de vivir en Estados Unidos. Y a los inmigrantes indocumentados que desean asumir desesperadamente esas responsabilidades no les queda más remedio que permanecer en las sombras o arriesgarse a que sus familias sean separadas.

Así ha sucedido durante décadas. Y durante décadas no hemos hecho demasiado por solventar esta situación. Cuando asumí la Presidencia me comprometí a arreglar este sistema de inmigración desestructurado. Y empecé por hacer lo que pude por asegurar nuestras fronteras. En la actualidad contamos con más agentes y tecnología desplegados para proteger la frontera sur que en ningún otro momento de la historia. En efecto, en el transcurso de los últimos seis años, los cruces de frontera ilegales se han reducido a más de la mitad. Y si bien es cierto que este verano hubo un breve repunte en el número de niños no acompañados detenidos en la frontera, la cifra de estos niños es hoy más baja de lo que lo ha sido en casi dos años. En general, el número de personas que intentan atravesar nuestra frontera ilegalmente se encuentra en su nivel más bajo desde la década de 1970. Esos son los hechos.

Entre tanto, elaboré con el Congreso una enmienda general y, en el último año, sesenta y ocho demócratas, republicanos e independientes aunaron fuerzas para aprobar una ley bipartita en el Senado. No era perfecta. Era un acuerdo mutuo, con concesiones mutuas. Pero reflejaba el sentido común. Habría duplicado el número de agentes de las patrullas fronterizas al tiempo que habría brindado a los inmigrantes indocumentados un camino hacia la ciudadanía si abonaban una sanción, empezaban a pagar impuestos y regresaban a sus países de origen a la espera de obtener la ciudadanía. Además, los expertos independientes aseguraron que habría contribuido a la expansión de nuestra economía y a la reducción de nuestros déficits.

De haber permitido la Cámara de Representantes someter dicha ley a una simple votación a favor o en contra, se habría aprobado con el apoyo de ambos partidos y hoy sería la legislación vigente. Pero, durante un año y medio y hasta el día de hoy, los líderes republicanos en la Cámara han rechazado este tipo de votación simple.

Sigo creyendo que el mejor modo de solucionar este problema es colaborando para aprobar una ley de sentido común de esa índole. No obstante, hasta que ello suceda, hay acciones que tengo autoridad legal para acometer como presidente, las mismas acciones acometidas por presidentes demócratas y republicanos que me han antecedido, y que harán que nuestro sistema de inmigración sea más justo.

Estoy aquí esta noche para anunciaros esas acciones.

En primer lugar, continuaremos reforzando nuestros progresos en la frontera dotando de recursos adicionales al personal encargado de velar por el cumplimiento de la ley, para que pueda detener el flujo de cruces ilegales y acelerar la devolución de las personas que consiguen atravesar la frontera.

En segundo lugar, haré que a los inmigrantes altamente cualificados, graduados y emprendedores les resulte más rápido y fácil permanecer en nuestro país y hacer sus aportaciones a nuestra economía, tal como han propuesto numerosos dirigentes empresariales.

En tercer lugar, daremos pasos para gestionar con responsabilidad a los millones de inmigrantes indocumentados que ya viven en nuestro país.

Quiero extenderme un poco con respecto a este tercer punto, pues es el que genera más polémica y reacciones más encendidas. Si bien somos un país de inmigrantes, también somos un país de leyes. Los trabajadores indocumentados transgreden nuestras leyes de inmigración y creo que hay que exigirles responsabilidad por ello, sobre todo a quienes puedan ser peligrosos. Por este motivo, en el transcurso de los últimos seis años, las deportaciones de delincuentes se han incrementado en un ochenta por ciento. Y por este motivo seguiremos concentrando nuestros recursos en hacer cumplir la ley, reduciendo las amenazas reales para nuestra seguridad. Hablo de malhechores, no de familias. De delincuentes, no de niños. De miembros de bandas, no de una madre que trabaja duramente para mantener a sus hijos. Estableceremos prioridades, tal como los cuerpos de seguridad hacen a diario.

Ahora bien, pese a centrarnos en deportar delincuentes, el hecho es que millones de inmigrantes en cada estado, de todas las razas y nacionalidades, siguen viviendo en este país de manera ilegal. Y seamos sinceros: localizar, rodear y deportar a millones de personas no es realista. Quienquiera que sugiera lo contrario no está siendo honesto con vosotros. Además, eso no es lo que nos define como norteamericanos. A fin de cuentas, la mayoría de esos inmigrantes llevan mucho tiempo en este país. Trabajan con denuedo, a menudo en empleos arduos con un salario bajo. Mantienen a sus familias. Rinden culto en nuestras iglesias. Muchos de sus hijos han nacido en los Estados Unidos o han vivido aquí toda su vida, y sus esperanzas, sus sueños y su patriotismo son idénticos a los nuestros. Tal como mi predecesor, el presidente Bush, dijo en su día: «Son parte de la vida americana».

Sucede que esperamos que las personas que viven en este país se rijan por sus reglas. Esperamos que quienes traspasen la línea de la legalidad no sean recompensados injustamente. De manera que vamos a ofrecer el trato siguiente: quienes lleven en Estados Unidos más de cinco años; tengan hijos que sean ciudadanos estadounidenses o residentes legales; quienes se inscriban y, tras verificarse sus antecedentes penales, estén dispuestos a pagar los impuestos que les correspondan, podrán solicitar permanecer en este país de manera temporal sin temor a ser deportados. Esas personas pueden salir de entre las sombras y legalizar su situación. Ésas son las condiciones del trato.

Ahora bien, dejemos claro qué no contempla dicho trato. Este trato no se aplica a nadie que haya llegado a nuestro país recientemente ni a nadie que entre de manera ilegal en el futuro. Además, no garantiza la ciudadanía ni el derecho a permanecer aquí de manera permanente, ni tampoco ofrece los mismos beneficios que obtienen los ciudadanos, pues solo el Congreso está autorizado a hacer eso. A lo único que nos comprometemos es a no deportar a esas personas.

Sé que algunos críticos de esta medida la califican de amnistía. Pero no es una amnistía. La amnistía es el sistema de inmigración que tenemos a día de hoy: millones de personas que viven en nuestro país sin pagar impuestos ni acatar las leyes mientras los políticos utilizan este asunto para atemorizar a la población y recabar votos en las elecciones.

Esa es la verdadera amnistía: mantener este sistema desfigurado tal como está. Una amnistía general sería injusta. Y una deportación general no solo sería imposible, sino, además, contraria a nuestra esencia. Hablo de responsabilidad, de adoptar un planteamiento de sentido común a medio camino entre una cosa y la otra: quien cumpla los criterios, puede emerger de entre las sombras y legalizar su situación. Pero los delincuentes serán deportados. Y, si alguien tiene previsto entrar en Estados Unidos de manera ilegal, debe saber que sus posibilidades de ser apresado y devuelto acaban de multiplicarse al alza.

Las medidas de las que hablo no solo son lícitas y legales, sino que son el tipo de medidas adoptadas por todos los presidentes republicanos y por todos los presidentes demócratas del pasado medio siglo. Y a los miembros del Congreso que ponen en tela de juicio mi autoridad para hacer que nuestro sistema de inmigración funcione mejor o que cuestionan mi conciencia por actuar donde el Congreso no ha sabido hacerlo, solo puedo contestarles: aprueben una ley.

Deseo colaborar con ambos partidos para aprobar una solución legislativa más permanente. Y el día en que rubrique esa ley, las medidas que estoy adoptando dejarán de ser necesarias. Entre tanto, no permitáis que un desacuerdo por un único aspecto impida llegar a acuerdos en todos los puntos. No es así como funciona nuestra democracia y, desde luego, el Congreso no debería paralizar al Gobierno de nuevo solo por nuestras desavenencias en este asunto. Los estadounidenses están hartos de este estancamiento. Lo que nuestro país necesita de nosotros es que fijemos un objetivo común, un objetivo más elevado.

La mayoría de los estadounidenses dan su apoyo a los tipos de reformas que he expuesto esta noche. Pero entiendo las contrariedades que experimentáis muchos de vosotros en vuestros hogares. Millones de nosotros, yo incluido, nos remontamos a varias generaciones de ancestros en este país, con antepasados que trabajaron duramente por convertirse en ciudadanos. De ahí que no aprobemos la idea de que nadie obtenga vía libre para conseguir la ciudadanía estadounidense.

Soy consciente de que a algunas personas les preocupa que la inmigración altere el tejido mismo de quiénes somos, que nos arrebate nuestros empleos o que afecte a las familias de clase media en un momento en el que ya han sufrido un trato injusto durante más de una década. Entiendo estas preocupaciones. Pero no es eso lo que sucederá con la adopción de los pasos que he indicado. Nuestra historia y los hechos demuestran que los inmigrantes son un beneficio neto para nuestra economía y para nuestra sociedad. Y considero que es importante que todos mantengamos este debate sin impugnar el carácter del otro.

Porque, al margen del tira y afloja de Washington, debemos recordar que este debate gira en torno a algo mucho más importante: gira en torno a quiénes somos, como nación, y a quiénes queremos ser para las generaciones futuras.

¿Somos un país que tolera la hipocresía de un sistema en el que los trabajadores que recolectan nuestra fruta y hacen nuestras camas nunca tendrán la oportunidad de actuar conforme a la ley? ¿O somos un país que les ofrece la posibilidad de enmendarse, de asumir responsabilidades y de dar a sus hijos un futuro mejor?

¿Somos un país que acepta la crueldad de arrancar a niños de los brazos de sus padres? ¿O somos un país que valora las familias y colabora para mantenerlas unidas?

¿Somos un país que educa en sus universidades a los mejores alumnos del mundo para devolverlos a sus lugares de origen y que creen allí negocios que compitan contra nosotros? ¿O somos un país que los alienta a quedarse y crear empleo aquí, a establecer aquí, en Estados Unidos, sus negocios y sus industrias?

De eso va este debate. En lo tocante a la inmigración, no basta con hacer política «como siempre». Se precisa un debate razonado, reflexivo y compasivo que se centre en nuestras esperanzas, no en nuestros miedos. Sé que las políticas relacionadas con este asunto son duras. Pero permitidme explicaros cómo he llegado a convencerme tanto de su oportunidad.

En los últimos años he visto la determinación de padres inmigrantes que desempeñaban dos o tres empleos sin recibir ni un centavo del Gobierno y arriesgándose a perderlo todo en cualquier momento, y lo hacían solo para construir una vida mejor para sus hijos. He visto el dolor y el nerviosismo de niños cuyas madres podían ser separadas de ellos solo porque carecían de la documentación pertinente. He sido testigo del valor de estudiantes que, salvo por las circunstancias de su nacimiento, son tan americanos como Malia o Sasha, estudiantes que confesaron valientemente estar indocumentados con la esperanza de impulsar un cambio en el país que aman.

Estas personas, nuestros vecinos, compañeros de escuela y amigos, no vinieron aquí en busca de una vida fácil o subvencionada. Vinieron a trabajar, a estudiar, a servir en nuestro ejército y, por encima de todo, a contribuir al éxito de los Estados Unidos.

Mañana viajaré a Las Vegas, donde me reuniré con algunos de estos estudiantes, incluida una joven llamada Astrid Silva. Astrid llegó a Estados Unidos a los cuatro años de edad. Sus únicas pertenencias eran una cruz, una muñeca y el vestido con volantes que llevaba puesto. Cuando empezó la escuela, no hablaba inglés. Se puso al día con los otros niños leyendo la prensa y viendo la PBS, y se convirtió en una alumna aplicada. Su padre trabajaba como jardinero. Su madre, como mujer de la limpieza en hogares de otras personas. No le permitían matricularse en una escuela especializada en tecnologías, pero no porque no la quisieran, sino porque temían que la burocracia desvelara que era una inmigrante indocumentada, de manera que Astrid presentó su solicitud a espaldas de sus padres y consiguió una plaza. Pese a ello, en gran medida seguía viviendo entre las sombras, hasta que su abuela, que venía a visitarla cada año desde México, falleció y Astrid no pudo acudir a su funeral por temor a ser descubierta y deportada. Yo ya era presidente cuando Astrid empezó a defenderse y a defender a otras personas en su situación. En la actualidad, Astrid Silva es una alumna universitaria que cursa su tercera licenciatura.

¿Somos un país que expulsa a un inmigrante esforzado y esperanzado como Astrid o un país que encuentra un modo de acogerla? Las Escrituras nos dicen: «No oprimas al forastero; ya sabéis lo que es ser forastero, porque forasteros fuisteis vosotros».

Queridos conciudadanos, somos y siempre seremos un país de inmigrantes. También nosotros fuimos forasteros en el pasado. Y tanto si nuestros antepasados fueron extranjeros que cruzaron el Atlántico, el Pacífico o Río Grande, estamos aquí porque este país los acogió y les enseñó que no es nuestra apariencia física lo que determina quiénes somos americanos, ni nuestro apellido ni nuestra religión. Lo que nos convierte en americanos es nuestro compromiso compartido con un ideal: que todos fuimos creados en igualdad y que todos tenemos la oportunidad de forjarnos nuestras propias vidas.

Ese es el país que nuestros padres, abuelos y las generaciones que los precedieron construyeron para nosotros. Y esa es la tradición que debemos defender. Ese es el legado que debemos dejar para quienes aún están por llegar.

Gracias. Que Dios os bendiga. Y que Dios bendiga al país que amamos.

DISCURSO DEL PRESIDENTE CON OCASIÓN DEL 50.º ANIVERSARIO DE LAS MARCHAS DE SELMA A MONTGOMERY

Puente Edmund Pettus
Selma, Alabama

MIEMBRO DEL PÚBLICO: ¡Te queremos, presidente Obama!

EL PRESIDENTE: Y todos sabéis que yo también os quiero. *[Aplausos.]*

Es un honor extraño en esta vida emular a uno de tus héroes. Y John Lewis es uno de mis héroes.

Sin embargo, tengo que imaginar que cuando el joven John Lewis se levantó aquella mañana hace cincuenta años y se dirigió hacia aquella capilla de Brown, no tenía previsto convertirse en un héroe. No había previsto un día como este. Jóvenes con sacos de dormir y mochilas aguardaban. Veteranos del movimiento formaban a los recién llegados en las tácticas de la no violencia, el derecho a protegerte cuando eres atacado. Un médico describía cómo afecta el gas lacrimógeno al cuerpo, mientras los manifestantes garabateaban las instrucciones para contactar a sus seres queridos. Se respiraba un aire denso, lleno de dudas, expectativas y miedo. Y todos se solazaban con el último verso del himno final que entonaban:

«Sea cual sea la prueba que afrontes, Dios cuidará de ti; inclínate, agotado, en su pecho, Dios cuidará de ti».

Y entonces, con una manzana, un cepillo de dientes y un libro sobre el gobierno en la mochila, con todo lo necesario para pasar una noche en el calabozo, John Lewis los lideró allende las puertas de aquella iglesia en una misión que cambiaría Estados Unidos.

Presidente y señora Bush, gobernador Bentley, alcalde Evans, Sewell, reverendo Strong, miembros del Congreso, funcionarios electos, soldados rasos, amigos, conciudadanos:

Tal como John indicó, hay lugares y momentos en los que se decide el destino de Estados Unidos. Muchos son campos de batalla, como Concord, Lexington, Appomattox y Gettysburg. Otros son lugares que simbolizan la osadía de la personalidad estadounidense: el Independence Hall y las Seneca Falls, Kitty Hawk y Cabo Cañaveral.

Selma es uno de esos lugares. Una tarde hace cincuenta años, gran parte de nuestra turbulenta historia: la lacra de la esclavitud y la angustia de la guerra civil; el yugo de la segregación y la tiranía de las leyes de Jim Crow; la muerte de cuatro niñitas en Birmingham[1] y el sueño de un predicador baptista, toda esa historia se reunió en este puente.

No fue un enfrentamiento de ejércitos, sino de voluntades; una lucha por determinar el auténtico significado de América. Y gracias a hombres y mujeres como John Lewis, Joseph Lowery, Hosea Williams, Amelia Boynton, Diane Nash, Ralph Abernathy, C. T. Vivian, Andrew Young, Fred Shuttlesworth, Martin Luther King, Jr. y tantos otros, la idea de una América justa, de una América inclusiva y generosa, acabó por imponerse.

Como sucede en todo el panorama de la historia de los Estados Unidos, no es posible examinar este momento de mane-

---

1. El 15 de septiembre de 1963, una bomba colocada por miembros del Ku Klux Klan en la iglesia baptista de la calle 16 de Birmingham, Alabama, mató a cuatro niñas afroamericanas que se hallaban en su interior. [N. de los t.]

ra aislada. La marcha de Selma se enmarcó en una campaña más amplia que englobó a varias generaciones y los líderes de aquel día forman parte de un largo linaje de héroes.

Nos hemos reunido aquí para conmemorarlos. Nos hemos reunido aquí para rendir tributo al valor de los estadounidenses corrientes dispuestos a soportar porrazos de la policía y varas de castigo, gas lacrimógeno y pisotones de pezuñas, hombres y mujeres que, pese a la sangre manando a borbotones y a los huesos astillados, se mantuvieron leales a su Estrella Polar y continuaron marchando hacia la justicia.

Actuaron de acuerdo con las Escrituras: «estimando [...] con la alegría de la esperanza; constantes en la tribulación; perseverantes en la oración». Y en los días posteriores, regresaron una y otra vez. Cuando sonaron las trompetas llamando a otros a sumarse a la causa, así lo hicieron, blancos y negros, jóvenes y viejos, cristianos y judíos, ondeando la bandera estadounidense y cantando los mismos himnos rebosantes de fe y esperanza. Un periodista blanco, Bill Plante, que cubrió aquellas marchas a la sazón y que hoy se encuentra entre nosotros, bromeó diciendo que la presencia de un mayor número de personas blancas había hecho que la calidad de los cantos disminuyera. *[Risas.]* Pero, para aquellos que se manifestaron, aquellas viejas canciones del Evangelio seguramente nunca hayan sonado tan dulces.

Con el tiempo, su coro cobró ímpetu y llegó a oídos del presidente Johnson. Y él les envió protección y se dirigió al país, haciéndose eco en su discurso de su llamamiento para que tanto Estados Unidos como el mundo lo oyeran: «Venceremos». *[Aplausos.]* Cuán enorme era la fe de aquellos hombres y mujeres. La fe en Dios, pero también la fe en América.

Los estadounidenses que cruzaron este puente no eran físicamente imponentes. Pero infundieron valor a millones de conciudadanos. No ocupaban un cargo electo. Pero lideraron una nación. Se manifestaron en tanto que estadounidenses que habían soportado centenares de años de violencia brutal e incontables indignidades a diario, pero no reclamaban un trato especial, sino simplemente el trato igualitario que les habían prometido casi un siglo antes. *[Aplausos.]*

Lo que hicieron aquí reverberará en el eco de los tiempos. No porque el cambio que lograron estuviera predestinado, ni porque su victoria fuera absoluta, sino porque demostraron que el cambio sin violencia es posible y que el amor y la esperanza pueden conquistar al odio.

Mientras conmemoramos su logro, no podemos dejar de recordar que, en el momento en el que se produjeron aquellas marchas, muchos de quienes ostentaban el poder las condenaron, en lugar de elogiarlas. Se tildó a los manifestantes de comunistas, de mestizos y de agitadores marginales, de degenerados sexuales y morales y de cosas aún peores, se los llamó de todo, salvo por el nombre que sus padres les habían dado. Su fe se puso en tela de juicio. Sus vidas se vieron amenazadas. Y su patriotismo se puso en cuestión.

Y sin embargo, ¿qué podría ser más americano que lo que aconteció en este lugar? *[Aplausos.]* ¿Qué podría reivindicar más hondamente la idea de Estados Unidos que unas personas sencillas y humildes, los ignorados, los oprimidos, los soñadores de baja alcurnia, los nacidos sin riquezas ni privilegios, representantes de no una, sino muchas tradiciones religiosas, unidas aquí para dar forma al curso de este país?

¿Qué mayor expresión de la fe en el experimento estadounidense que esta, qué mayor forma de patriotismo existe que la creencia de que Estados Unidos aún no está concluido, de que somos lo bastante sólidos para hacer autocrítica y de que cada generación sucesiva puede revisar nuestras imperfecciones y decidir que tenemos la fuerza para remodelar este país y alinearlo más estrechamente con unos ideales más elevados? *[Aplausos.]*

Por eso Selma no es atípica en la experiencia de Estados Unidos. Por eso no es un museo o un monumento estático para contemplar desde la distancia, sino la manifestación de un credo escrito en nuestros documentos fundadores: «Nosotros, el Pueblo *[...]* para formar una unión perfecta». «Sostenemos como evidentes por sí mismas dichas verdades: que todos los hombres son creados iguales.» *[Aplausos.]*

Esto no son solo palabras. Son materia viva, un llamamiento a la acción, una hoja de ruta para la ciudadanía y una insistencia en la capacidad de los hombres y mujeres libres de dar forma a nuestro destino. Para los fundadores como Franklin y Jefferson, para líderes como Lincoln y Roosevelt, el éxito de nuestro experimento en el autogobierno radicaba en implicar a todos los ciudadanos en esta empresa. Y eso es lo que celebramos aquí, en Selma. De eso iba todo este movimiento, un puntal en nuestro largo viaje hacia la libertad. *[Aplausos.]*

El instinto americano que condujo a aquellos muchachos y muchachas a levantar las antorchas y atravesar este puente es el mismo instinto que movió a los patriotas a elegir la revolución frente a la tiranía; es el mismo instinto que atrajo a inmigrantes de la otra orilla de los océanos y Río Grande; es el mismo instinto que condujo a las mujeres a exigir el voto y a los trabajadores a organizarse contra un *statu quo* injusto, el mismo instinto que nos llevó a plantar una bandera en Iwo Jima y en la superficie de la Luna. *[Aplausos.]*

Es la idea mantenida por generaciones de ciudadanos que creyeron que Estados Unidos es una obra en progreso constante; que creyeron que amar este país representa algo más que cantar sus alabanzas o evitar verdades incómodas. Requiere perturbaciones esporádicas, la voluntad de reclamar lo correcto y de sacudir el *statu quo*. Eso es América. *[Aplausos.]*

Y eso es lo que nos hace únicos. Eso es lo que cimenta nuestra reputación como faro de oportunidades. Los jóvenes tras el Telón de Acero vieron Selma y acabaron por derribar ese telón. La juventud de Soweto escuchó a Bobby Kennedy hablar acerca de las olas de esperanza y con el tiempo se desembarazó del flagelo del *apartheid*. La juventud en Birmania prefirió ir a la cárcel a someterse al dominio militar. Vieron lo que John Lewis había conseguido. Desde las calles de Túnez hasta la plaza de la Independencia en Ucrania, la actual generación de jóvenes puede hallar inspiración en la fuerza de este lugar, donde los desposeídos consiguieron cambiar la mayor potencia mundial y obligar a sus dirigentes a ampliar los confines de la libertad.

Vieron esa idea hecha realidad aquí, en Selma, Alabama. Vieron la manifestación de esa idea aquí, en Estados Unidos.

Gracias a campañas como esta se aprobó una Ley de Derecho de Voto. Se derribaron barreras políticas, económicas y sociales. Y los cambios que estos hombres y mujeres impulsaron siguen siendo visibles hoy en día, en la existencia de afroamericanos que dirigen salas de juntas, que ejercen como magistrados, que ocupan cargos electos tanto en pequeñas poblaciones como en grandes ciudades, tanto entre el grupo de legisladores negros[2] como en el Despacho Oval. *[Aplausos.]*

Gracias a lo que ellos hicieron, las puertas de la oportunidad se abrieron de par en par no solo para los negros, sino para todos los estadounidenses. Las atravesaron las mujeres. Y los latinos. Los estadounidenses asiáticos, los estadounidenses ho-

2. El *Congressional Black Caucus* es una organización que representa a los miembros negros del Congreso de los Estados Unidos. Sus miembros son exclusivamente afroamericanos. [*N. de los t.*]

mosexuales y los estadounidenses con discapacidades... Todos ellos atravesaron esas puertas. *[Aplausos.]* Sus esfuerzos brindaron a todo el sur de los Estados Unidos la posibilidad de volverse a alzar, no para reafirmar el pasado, sino para trascenderlo. «¡Glorioso!», exclamaría Luther King. ¡Qué solemne nuestra deuda con ellos! Lo cual nos lleva a preguntarnos: ¿cómo podemos saldar esa deuda?

En primer lugar, debemos reconocer que conmemorar un día, por especial que sea, no basta. Si Selma nos revela algo, es que nuestro trabajo nunca concluye. *[Aplausos.]* El experimento estadounidense del autogobierno da una misión y objetivos a cada generación.

Selma nos enseña, asimismo, que para actuar debemos aparcar el cinismo, porque, en la búsqueda de la justicia no podemos permitirnos ni caer en la complacencia ni en la desesperanza.

Esta misma semana me preguntaron si creía que el informe sobre la policía de Ferguson publicado por el Departamento de Justicia[3] demuestra que, en lo relativo a la raza, poco ha cambiado en este país. Y entiendo la pregunta; lo que explicaba dicho informe me resultaba tristemente familiar. Evocaba la índole de maltrato y falta de consideración por los ciudadanos que engendró el Movimiento por los Derechos Civiles. Pero me opuse a la idea de que nada ha cambiado. Lo que ocurrió en Ferguson tal vez no sea un hecho aislado, pero ya no es endémico. Ya no lo aprueban la ley ni las tradiciones. Y antes del Movimiento por los Derechos Civiles, sin duda lo aprobaban. *[Aplausos.]*

---

3. El demoledor informe preparado por el Departamento de Justicia a raíz de la muerte a manos de un oficial de policía del joven negro Michael Brown concluía que la policía de Ferguson (Misuri) ha violado de forma sistemática los derechos constitucionales de sus ciudadanos de color durante años. [*N. de los t.*]

Hacemos un flaco servicio a la causa de la justicia dando a entender que los prejuicios y la discriminación son inmutables y que la división racial es inherente a los Estados Unidos. Si creéis que no ha cambiado nada en los últimos cincuenta años, preguntádselo a alguien que participó en las protestas de Selma, Chicago o Los Ángeles en la década de 1950. Preguntádselo a la directora ejecutiva que, de no haber cambiado nada, posiblemente nunca habría pasado de ser secretaria. Preguntadle a un amigo homosexual si es o no más fácil hoy salir del armario y declararse homosexual en Estados Unidos de lo que lo era hace treinta años. Negar tales progresos, progresos ganados con tanto esfuerzo, nuestros progresos, equivaldría a arrebatarnos la capacidad de actuar y la responsabilidad de hacer lo que podamos por mejorar América.

Por supuesto, un error habitual consiste en sugerir que lo de Ferguson es un incidente aislado, que el racismo ha desaparecido y que la labor que atrajo a hombres y mujeres a Selma está concluida, así como que las tensiones raciales que puedan pervivir responden a quienes pretenden jugar la «carta de la raza» en beneficio propio. No necesitamos el informe de Ferguson para saber que no es cierto. Basta con que abramos los ojos, los oídos y el corazón para saber que la historia racista de esta nación todavía sigue proyectando su larga sombra sobre nosotros.

Sabemos que la marcha aún no ha concluido. Sabemos que aún no hemos ganado la carrera. Sabemos que alcanzar ese destino bendecido en el que todos nosotros seremos juzgados por el contenido de nuestro carácter exige admitir que esto es así y afrontar la verdad. «Somos capaces de arrastrar una pesada carga —escribió en una ocasión James Baldwin—, y con frecuencia descubrimos que esa carga es la realidad y llegamos hasta ella.»

No hay nada que los Estados Unidos no puedan manejar si contemplamos el problema con franqueza. Y eso es algo que deben hacer todos los estadounidenses, no solo algunos de ellos. No solo los blancos. Ni solo los negros. Si queremos honrar la valentía de quienes se manifestaron aquel día, entonces estamos todos obligados a poseer su imaginación moral. Todos nosotros necesitaremos sentir como ellos sintieron la penetrante urgencia del ahora. Todos nosotros debemos reconocer como ellos reconocieron que el cambio depende de nuestras acciones, de nuestro comportamiento y de lo que enseñamos a nuestros hijos. Y si hacemos tal esfuerzo, por muy arduo que pueda resultar a veces, pueden aprobarse leyes, pueden agitarse conciencias y puede construirse un consenso. *[Aplausos.]*

Con un esfuerzo tal podemos asegurarnos de que nuestro sistema de justicia criminal se aplique a todo el mundo, y no solo a unos cuantos. Juntos podemos elevar el nivel de confianza mutuo sobre el que se construye la policía, la idea de que los agentes de policía son miembros de la misma comunidad que protegen arriesgando sus vidas, y son ciudadanos de Ferguson, Nueva York y Cleveland que desean lo mismo por lo que se manifestaron aquellos jóvenes aquí hace cincuenta años: la protección de la ley. *[Aplausos.]* Juntos podemos impugnar las sentencias injustas y solventar el hacinamiento en las cárceles, así como las circunstancias que privan a tantos muchachos de la posibilidad de convertirse en hombres y sustraen a este país tantos hombres que podrían ser buenos padres, buenos trabajadores y buenos vecinos. *[Aplausos.]*

Con esfuerzo, podemos reducir la pobreza y derribar los obstaculos que dificultan las oportunidades. A los estadounidenses no nos gusta que nadie disfrute de oportunidades que no merece, ni creemos en la igualdad de resultados. Pero sí esperamos contar con igualdad de oportunidades. Y si eso es lo que creemos sinceramente, si no lo decimos solo de boquilla, sino con la mano en el corazón y estamos dispuestos a sacrificarnos por ello, entonces sí podemos asegurarnos de que cada niño obtenga una educación adecuada a este nuevo siglo, una educación que expanda la imaginación, que amplíe horizontes y que otorgue a esos niños las habilidades y los conocimientos que precisan. Podemos asegurarnos de que todas las personas dispuestas a trabajar disfruten de un empleo digno, de un salario justo, de una voz real y de peldaños más robustos en esa escalera que asciende hacia la clase media.

Y con esfuerzo podemos proteger la piedra fundacional de la democracia por la que tantos marcharon a través de este puente: el derecho al voto. *[Aplausos.]* Hoy, en 2015, cincuenta años después de Selma, todavía existen leyes en este país concebidas para dificultar el voto a la población. Mientras hablamos, se están proponiendo muchas más leyes de esta índole. Entre tanto, la Ley de Derecho de Voto, la culminación de tanta sangre, sudor y lágrimas, el producto de tanto sacrificio frente a una violencia gratuita, la Ley de Derecho de Voto, digo, se alza debilitada, con un futuro subyugado a los rencores políticos.

¿Cómo es posible? La Ley de Derecho de Voto fue uno de los logros coronadores de nuestra democracia, el resultado de esfuerzos republicanos y demócratas. *[Aplausos.]* Reagan firmó su renovación mientras ostentaba la Presidencia. George W. Bush firmó su renovación mientras ocupaba la Presidencia. *[Aplausos.]* Cien miembros del Congreso se han reunido aquí hoy para rendir tributo a las personas que estuvieron dispuestas a morir por el derecho a protegerla. Si queremos honrar este día, permitamos que esos cien congresistas regresen a Washington y reúnan a otros cuatrocientos más, y que, juntos, se comprometan a convertir en su misión la restauración de esa ley este año. Solo así honraremos a quienes cruzaron este puente. *[Aplausos.]*

Por supuesto, nuestra democracia no recae solo en las manos del Congreso ni de los tribunales, ni siquiera del presidente. Aunque hoy se derogaran todas las leyes nuevas de supresión de votantes, Estados Unidos seguirá teniendo uno de los porcentajes de voto más bajos entre los pueblos libres. Hace cincuenta años, para registrarse para votar aquí, en Selma, y en gran parte del sur de la nación, había que adivinar el número de alubias que contenía un pote o el número de burbujas de una pastilla de jabón. Significaba arriesgar tu dignidad y, en ocasiones, la vida.

¿Qué excusa tenemos hoy para no votar? ¿Cómo nos atrevemos a descartar sin más el derecho por el que tantos lucharon? [Aplausos.] ¿Cómo entregamos de manera tan absoluta nuestro poder y nuestra voz en la modulación del futuro de Estados Unidos? ¿Por qué señalamos a otra persona cuando podríamos tomarnos el tiempo de acudir a las urnas? [Aplausos.] Entregamos nuestro poder.

Queridos manifestantes, mucho ha cambiado en cincuenta años. Hemos sufrido guerras y hemos creado la paz. Hemos visto maravillas tecnológicas que afectan a todos los aspectos de nuestras vidas. Damos por asumidas comodidades que nuestros padres apenas podían imaginar. Pero lo que no ha cambiado es el imperativo de la ciudadanía, la voluntad de un diácono de veintiséis años, de un pastor unitario o de una joven madre de cinco hijos que decidieron que amaban tanto este país que estaban dispuestos a arriesgarlo todo por hacer realidad sus promesas.

Eso es lo que significa amar a América. Eso es lo que significa creer en América. A eso es a lo que nos referimos cuando decimos que América es excepcional.

Hemos nacido del cambio. Transgredimos las viejas aristocracias y declaramos que nuestros derechos no respondían a la estirpe, sino que eran derechos inalienables concedidos por el Creador. Garantizamos nuestros derechos y responsabilidades mediante un sistema de autogobierno de, por y para el pueblo. Por eso discutimos y peleamos con tanta pasión y convicción..., porque sabemos que nuestros esfuerzos son importantes. Sabemos que somos nosotros quienes conformamos los Estados Unidos.

Basta con echar un vistazo a nuestra historia. Somos Lewis, Clark y Sacajawea, pioneros que se aventuraron a adentrarse en terreno ignoto, seguidos por una estampida de granjeros y mineros, de emprendedores y charlatanes. Ese es nuestro espíritu. Esos somos nosotros.

Somos Sojourner Truth y Fannie Lou Hamer, mujeres que fueron capaces de hacer tanto como cualquier hombre, e incluso más. Y somos Susan B. Anthony, quien sacudió el sistema hasta que la ley reflejó esa verdad. Esa es nuestra esencia.

Somos los inmigrantes que viajaron de polizones en barcos para desembarcar en estas orillas, las masas apiñadas que gritaban por respirar en libertad, los supervivientes del Holocausto, desertores soviéticos, los niños perdidos del Sudán. Somos los esperanzados luchadores que atraviesan Río Grande porque queremos que nuestros hijos conozcan una vida mejor. Ese fue el inicio de nuestra existencia. *[Aplausos.]*

Somos los esclavos que construimos la Casa Blanca y la economía del Sur. *[Aplausos.]* Somos los braceros de los ranchos y los vaqueros que exploraron el Oeste, y los incontables jornaleros que tendieron las vías del ferrocarril, que erigieron rascacielos y que se organizaron para defender los derechos de los trabajadores.

Somos los soldados jóvenes que lucharon por liberar un continente. Los aviadores de Tuskeegee, los descodificadores navajos y los estadounidenses japoneses que lucharon por este país pese a habérseles denegado su propia libertad.

Somos los bomberos que entraron aprisa en aquellos edificios el 11 de Septiembre, los voluntarios que se alistaron para luchar en Afganistán e Irak. Somos los estadounidenses homosexuales cuya sangre se derramó en las calles de San Francisco y Nueva York, tal como la sangre se derramó en este puente. *[Aplausos.]*

Somos narradores, escritores, poetas, artistas que aborrecen la injusticia, que desprecian la hipocresía, que dan voz a los sin voz y que explican las verdades que es preciso explicar.

Somos los inventores del góspel, del jazz, del blues, del bluegrass, del country, del hip-hop y del rock'n'roll, y de nuestro propio sonido con toda la dulce pena y la alegría temeraria de la libertad.

Somos Jackie Robinson,[4] que soportó vejaciones, pisotones con clavos y lanzamientos directos de la pelota a su cabeza y aun así logró robar la base en la Liga Mayor de Béisbol. *[Aplausos.]*

Somos las personas de quienes Langston Hughes escribió que «construyen nuestros templos del mañana, fuertes como saben serlo». Somos las personas de las que Emerson escribió que «en nombre de la verdad y el honor, se alzan rápidamente y soportan un largo sufrimiento», que «nunca se cansan, siempre que puedan proyectar la mirada en la distancia».

Eso es América. La nuestra no es una historia de fotos de archivo ni pintada con aerógrafo, ni débiles conatos de definir a algunos de nosotros como más americanos que otros. *[Aplausos.]* Respetamos el pasado, pero no lo anhelamos. No tememos al futuro, sino que lo esperamos con los brazos abier-

---

4. Jack Roosevelt Robinson (Georgia, 31 de enero de 1919 -Connecticut, 24 de octubre de 1972) fue el primer beisbolista afroamericano que ingresó en las Ligas Mayores de Béisbol de Estados Unidos. Jugó la mayor parte de su carrera profesional con los Brooklyn Dodgers. [*N. de los t.*]

tos. Estados Unidos no es algo frágil. Es grande, en palabras de Whitman, contiene multitudes. Somos tempestuosos y diversos, estamos llenos de energía y conservamos un espíritu perpetuamente joven. Por eso algunos, como John Lewis, con la madura edad de veinticinco años, fueron capaces de liderar una marcha tan imponente.

Y eso es lo que la juventud congregada aquí hoy y los jóvenes que nos escuchan en todo el país debe asimilar de este día. Sois América. No os limitan las costumbres ni las convenciones. Estáis libres de carga de lo que es, porque estáis preparados para alcanzar lo que debería ser.

En todo este país, estos son los primeros pasos a dar, hay nuevo terreno que cubrir y más puentes que cruzar. Y es a vosotros, los jóvenes sin miedo en el corazón, la generación más diversa y educada de nuestra historia, a quienes el país espera seguir.

Porque Selma nos demuestra que Estados Unidos no es el proyecto de una persona. Porque la palabra más potente de nuestra democracia es «Nosotros». «Nosotros, el pueblo.» «Lo conseguiremos.» *«Yes We Can.»* *[Aplausos.]* Esa palabra no es propiedad de nadie. Nos pertenece a todos. ¡Qué gloriosa la labor que nos ha sido encomendada, intentar mejorar sin cese esta gran nación nuestra!

Cincuenta años después del Domingo Sangriento, nuestra marcha aún no ha concluido, pero cada vez nos acercamos más a su fin. Doscientos treinta y nueve años después de la fundación de este país nuestra unión aún no es perfecta, pero nos aproximamos más a ella. Nuestra misión es más fácil porque ya ha habido quien ha recorrido ese primer tramo. Alguien ha cruzado el puente por nosotros. Cuando parezca que el camino es demasiado arduo, cuando la antorcha que se nos ha entregado se nos antoje demasiado pesada, recordaremos a esos primeros viajeros y sacaremos fuerzas de su ejemplo, al tiempo que nos aferramos con firmeza a las palabras del profeta Isaías: «Mientras que a quienes depositan su confianza en Dios, él les renovará el vigor, subirán con alas como de águilas, correrán sin fatigarse y andarán sin cansarse». *[Aplausos.]*

Rendimos tributo a quienes caminaron para que nosotros pudiéramos correr. Corramos ahora para que nuestros hijos vuelen. No desfalleceremos, porque creemos en la fuerza de un Dios formidable y creemos en la promesa sagrada de este país.

Que Dios bendiga a los guerreros de la justicia que ya no están entre nosotros y a los Estados Unidos de América. Gracias a todos. *[Aplausos.]*

28 de julio de 2015
DISCURSO DEL PRESIDENTE OBAMA
AL PUEBLO AFRICANO
Salón Mandela
Sede de la Unión Africana
Adís Abeba (Etiopía)

EL PRESIDENTE: Gracias. *[Aplausos.]* Muchas gracias. Señora presidenta, gracias por sus amables palabras y por su liderazgo. Primer ministro Haile Mariam, pueblo de Etiopía, una vez más gracias por su maravillosa hospitalidad y por acoger esta institución panafricana. *[Aplausos.]* Miembros de la Unión Africana, distinguidos invitados, damas y caballeros, gracias por recibirme hoy aquí. Es un inmenso honor ser el primer presidente de los Estados Unidos que pronuncia un discurso ante la Unión Africana. *[Aplausos.]*

Quiero agradecer la oportunidad de hablar hoy aquí a los representantes de más de mil millones de habitantes de este gran continente africano. *[Aplausos.]* Hoy nos acompañan ciudadanos, figuras destacadas de la sociedad civil y comunidades religiosas, y me complace especialmente ver a tantos jóvenes, que personifican la energía y el optimismo del África actual. ¡Hola! Gracias por estar aquí. *[Aplausos.]*

Me alzo ante ustedes orgulloso de ser estadounidense y orgulloso de ser hijo de un africano. *[Aplausos.]* África y sus gentes ayudaron a dar forma a los Estados Unidos y le permitieron convertirse en la gran nación que es. Y África y sus gentes han ayudado a moldear tanto quién soy yo como mi concepción del mundo. En los poblados de Kenia donde nació mi padre tuve ocasión de conocer algo de mis ancestros y de la vida de mi abuelo, de los sueños de mi padre y de los lazos familiares que unen a los africanos y a los estadounidenses.

Como padres, Michelle y yo queremos asegurarnos de que nuestras dos hijas conozcan su pasado: europeo y africano, sus fortalezas y sus luchas. Por eso nuestras hijas nos acompañan en esta visita. Con ellas nos hemos alzado ante las orillas del África Occidental, ante esas puertas sin retorno, conscientes de que sus antepasados eran tanto esclavos como propietarios de esclavos. Hemos visitado con ellas esa pequeña celda en la isla Robben donde Mandela demostró al mundo que, al margen de la naturaleza de su confinamiento físico, él era el único dueño de su destino. *[Aplausos.]* Tanto a nosotros como a nuestras hijas, África y los africanos nos enseñan una lección imponente: que debemos conservar la dignidad inherente a todo ser humano.

Dignidad: esa idea básica de que por virtud de nuestra humanidad común, al margen de nuestra procedencia o de nuestra apariencia, todos hemos nacido iguales, tocados por la gracia de Dios. *[Aplausos.]* Todas las personas cuentan. Todas las personas importan. Toda persona merece ser tratada con decencia y respeto. Durante gran parte de la historia, la humanidad no fue consciente de ello. La dignidad se consideraba una virtud reservada a las gentes de alcurnia y privilegio, a los reyes y los ancianos. Hizo falta una revolución espiritual, a lo largo de muchos siglos, para que abriéramos los ojos y viéramos por fin la dignidad de todas las personas. En todo el planeta, durante generaciones se ha luchado por poner esta idea en práctica en leyes e instituciones.

También aquí, en África. Esta es la cuna de la humanidad y los reinos ancestrales de África albergaron magníficas bibliotecas y universidades. Pero el mal de la esclavitud no solo arraigó en el extranjero, sino también aquí, en este continente. El colonialismo minó la economía africana y privó a los africanos de su capacidad de dar forma a su propio destino. Con el tiempo surgieron movimientos de liberación. Y hace cincuenta años, en un gran estallido de autodeterminación, los africanos estallaron de júbilo cuando las banderas extranjeras cayeron y se izaron las nacionales. *[Aplausos.]* Tal como dijo a la sazón el sudafricano Albert Luthuli, «la base de la paz y la fraternidad en África se está restaurando gracias a la resurrección de la soberanía y la independencia nacionales, de la igualdad y de la dignidad de los hombres».

Medio siglo después de esta época de independencia, conviene aparcar de una vez por todas los viejos estereotipos de una África enlodazada eternamente en la pobreza y el conflicto. El mundo debe reconocer el progreso extraordinario de África. Hoy África es una de las regiones del mundo que crece a un ritmo más acelerado. Se prevé que la clase media africana aumente en más de mil millones de consumidores. *[Aplausos.]* Con centenares de millones de teléfonos móviles y amplio acceso a Internet, los africanos están empezando a dejar atrás las viejas tecnologías para adentrarse en una nueva prosperidad. África se mueve. Una nueva África emerge.

Espoleada por este progreso y por su colaboración con el mundo, África ha registrado avances históricos en materia de salud. El número de nuevas infecciones por VIH y sida se ha desplomado. Hoy en día es más probable que las madres africanas sobrevivan al parto y den a luz a bebés sanos. Las muertes provocadas por la malaria se han atajado, lo cual ha permitido salvar la vida a millones de niños africanos. Millones de personas han salido de la pobreza extrema. África ha liderado el mundo en el aumento de la escolarización de la infancia. En otras palabras, cada vez son más los hombres, mujeres y niños africanos que viven con dignidad y esperanza. *[Aplausos.]*

Asimismo, el progreso de África puede apreciarse en las instituciones que hoy nos unen. Cuando visité por primera vez el África subsahariana como presidente de los Estados Unidos, dije que África no necesita hombres fuertes, sino instituciones fuertes. *[Aplausos.]* Y una de dichas instituciones puede ser la Unión Africana. Aquí, pueden aunar esfuerzos y compartir el compromiso con la dignidad humana y el desarrollo. Aquí, los cincuenta y cuatro países africanos pueden fraguar una concepción común de una «África integrada, próspera y pacífica».

Y a la par que África cambia, he hecho un llamamiento al mundo para que cambie su idea de África. *[Aplausos.]* Muchos africanos me han dicho: «No queremos solo ayuda, sino el comercio que alimenta el progreso. No queremos jefes, sino socios que nos ayuden a construir nuestra propia capacidad de desarrollo *[Aplausos.]* No queremos la indignidad de la dependencia, sino elegir por nosotros mismos y determinar nuestro propio futuro».

En tanto que presidente estadounidense, me he esforzado por transformar la relación de los Estados Unidos con África, con el objetivo de que escuchemos a nuestros amigos africanos y colaboremos con ellos como socios en condiciones de igualdad. Y estoy orgulloso de los progresos que hemos realizado. Hemos impulsado las exportaciones a esta región procedentes de los Estados Unidos, parte de ese comercio que genera empleo tanto para los africanos como para los norteamericanos. Y con vistas a mantener ese ímpetu, con el apoyo de algunos congresistas destacados de ambos partidos en mi país, veinte de los cuales se encuentran hoy con nosotros, recientemente firmé la renovación para los próximos diez años de la ley de crecimiento y oportunidades para África. *[Aplausos.]* Quiero darles las gracias a todos ellos. Me gustaría invitarlos a ponerse en pie brevemente para que puedan verlos, porque han realizado una labor sobresaliente. *[Aplausos.]*

Hemos puesto en marcha importantes iniciativas para fomentar la seguridad alimentaria, la sanidad pública y el acceso a la electricidad, así como para preparar a la siguiente generación de emprendedores y dirigentes africanos, inversiones que ayudarán a impulsar el auge de África en las décadas venideras. El año pasado, como ha señalado la presidenta, recibí en Washington a una cincuentena de presidentes y primeros ministros africanos con el objetivo de dar comienzo a un nuevo capítulo de cooperación. Y con mi visita hoy a la Unión Africana, mi objetivo es apuntalar ese compromiso.

Creo que el auge de África no solo es relevante para África, sino para el mundo entero. No seremos capaces de hacer frente a los desafíos de nuestra era (desde afianzar una economía mundial sólida hasta enfrentarnos al extremismo violento, combatir el cambio climático o poner fin al hambre y a la pobreza extrema) sin las opiniones y las aportaciones de los mil millones de africanos. *[Aplausos.]*

Ahora bien, pese al impresionante progreso registrado en África, cabe reconocer que muchos de esos avances se sustentan en unos cimientos frágiles. En paralelo a la nueva riqueza, centenares de millones de africanos siguen sumidos en una pobreza extrema. En paralelo a los centros de alta tecnología e innovación, muchos africanos continúan hacinados en barriadas sin electricidad ni agua corriente, un nivel de pobreza que representa un afrenta a la dignidad humana.

Es más, en tanto que continente más joven y con un crecimiento más acelerado, la población de África en las décadas venideras se duplicará hasta llegar a cerca de dos mil millones de personas, y muchas de ellas serán jóvenes menores de dieciocho años. Por una parte, ello podría generar oportunidades tremendas, cuando esos jóvenes africanos aprovechen las nuevas tecnologías y desencadenen un nuevo crecimiento y reformas. Cualquier economista les dirá que los países, las regiones y los continentes se desarrollan más rápidamente con una población joven. Es una ventaja demográfica, pero solo si esos jóvenes tienen formación. Basta con volver la mirada hacia Oriente Próximo o el África del Norte para ver que grandes cantidades de jóvenes sin empleo y con voces sofocadas pueden desatar la inestabilidad y el desorden.

Lo que pretendo sugerirles es que la labor más apremiante que África tiene por delante a día de hoy y la que afrontará en las décadas venideras es crear oportunidades para esta próxima generación. *[Aplausos.]* Será una empresa de una envergadura tremenda. África necesitará generar millones de empleos más de los que genera en la actualidad. Y el tiempo es la clave. Las decisiones adoptadas hoy moldearán la trayectoria de África y, por ende, del mundo en su conjunto en las décadas por venir. Como socio y amigo, permítanme sugerirles varios modos para afrontar este desafío conjuntamente.

El progreso de África dependerá de desencadenar el crecimiento económico, pero no sólo para unos pocos en las esferas más altas, sino para todo el mundo, porque un elemento esencial de la dignidad es la capacidad de llevar una vida digna. *[Aplausos.]* Y esa dignidad empieza por tener un empleo. Y para ello se requieren comercio e inversiones.

Muchos de sus países han acometido reformas importantes para atraer la inversión y ello ha impulsado el crecimiento. No obstante, en muchos lugares de África todavía sigue siendo muy difícil montar una empresa o iniciar un negocio. Los Gobiernos que adopten reformas adicionales para facilitar la creación de negocios encontrarán en los Estados Unidos a un socio dispuesto a colaborar con ellos. *[Aplausos.]*

Y eso incluye reformas para espolear el comercio interior dentro de la propia África, tal como la presidenta y yo hemos debatido antes de salir a hablar aquí hoy, porque los mercados más importantes para sus productos están en la puerta de al lado. No es preciso poner la vista en la otra orilla del océano en busca de crecimiento, sino que deben hacerlo internamente. Nuestra labor para ayudar a África a modernizar sus fronteras y cruces fronterizos dio comienzo con la Comunidad Africana Oriental y actualmente hemos ampliado nuestros esfuerzos a todo el continente, porque a los países africanos no debería resultarles más arduo comerciar entre ellos que comerciar con Europa o con los Estados Unidos. *[Aplausos.]*

Con todo, la mayoría de los intercambios comerciales entre los Estados Unidos y esta región se circunscriben a tres países, Sudáfrica, Nigeria y Angola, y en gran medida están relacionados con la energía. Mi voluntad es que los africanos y los estadounidenses extiendan sus negocios a otros sectores y a más países. De ahí que estemos ampliando nuestras misiones comerciales a lugares como Tanzania, Etiopía o Mozambique. Estamos trabajando por ayudar a más africanos a introducir sus productos en el mercado. El año próximo acogeremos otro foro empresarial entre Estados Unidos y África con el fin de movilizar miles de millones de dólares en nuevas operaciones comerciales e inversiones, con vistas a incrementar nuestro volumen de transacciones mutuas e impulsar el crecimiento conjunto.

Sin embargo, los Estados Unidos no son el único país que detecta una oportunidad en el crecimiento de África. Y eso es algo positivo. Si el número de países que invierten de manera responsable en África aumenta, se generarán más empleos y prosperidad para todos. Por ello quiero alentar a todo el mundo a hacer negocios con África, y a los países africanos a hacer negocios con todos los países. Ahora bien, es importante que dichas relaciones económicas no se circunscriban a construir la infraestructura de los países empleando mano de obra forastera o a extraer los recursos naturales de África. Las verdaderas cooperaciones económicas tienen que propiciar un trato positivo para África, deben crear empleos y capacidad para los africanos. *[Aplausos.]*

Y eso incluye lo que ha mencionado anteriormente la presidenta Zuma con respecto a los flujos ilícitos de capital de las multinacionales, uno de los motivos que nos ha llevado, en colaboración con el G7, a asumir un papel primordial para defender que, cuando las empresas realizan inversiones aquí, en África, las cuentas sean transparentes y para velar por que los flujos de capital se contabilicen adecuadamente. Esa es la índole de colaboración que ofrecen los Estados Unidos.

No hay nada que pueda desbloquear más el potencial económico de África que erradicar el cáncer de la corrupción. *[Aplausos.]* Y están en lo cierto al afirmar que no se trata de un problema exclusivo de África, sino de quienes hacen negocios con África. No es algo exclusivo de África, puesto que existe corrupción en todo el mundo, incluidos los Estados Unidos. Pero aquí, en África, la corrupción roba miles de millones de dólares a unas economías que no pueden permitirse perder miles de millones de dólares, dinero que podría invertirse en crear empleos y construir hospitales y escuelas. Y cuando alguien tiene que pagar un soborno para poner en marcha un negocio, para asistir a la escuela o para que un funcionario haga el trabajo que supuestamente debería hacer, no es porque «así es como se hacen las cosas en África». *[Aplausos.]* Socavan la dignidad del pueblo al que representan.

Solo los africanos pueden poner fin a la corrupción en sus países. A medida que los Gobiernos africanos se comprometan a actuar, los Estados Unidos colaborarán con ellos para combatir la financiación ilegal y fomentar Gobiernos decentes, transparencia y el imperio de la ley. En los Estados Unidos contamos con leyes contundentes que impiden a las empresas estadounidenses pagar sobornos para intentar conseguir negocios, cosa que no ocurre en todos los países. Y son leyes que aplicamos y que supervisamos.

Permítanme añadir, asimismo, que las redes de delincuencia no solo alimentan la corrupción, sino que amenazan la valiosa fauna de África y, con ello, el turismo del que dependen muchas economías africanas. Por ello los Estados Unidos se unen a ustedes en la lucha contra el tráfico de fauna silvestre, un problema que debe ser atajado. *[Aplausos.]*

En los últimos tiempos, el antídoto más potente a los modos antiguos de actuar ha demostrado ser esta nueva generación de la juventud africana. La historia demuestra que los países más prósperos son aquellos que invierten en la educación de sus poblaciones. *[Aplausos.]* En la era de la información en la que vivimos, los empleos pueden fluir en cualquier dirección, y lo habitual es que lo hagan hacia los lugares con una población activa alfabetizada, altamente capacitada y conectada a Internet. Y la juventud africana está lista para competir. He conocido a jóvenes africanos y son jóvenes sedientos, están ansiosos por trabajar y dispuestos a hacerlo con denuedo. Es nuestra obligación invertir en ellos. En paralelo a la inversión en educación que está llevando a término África, nuestros programas de iniciativas empresariales ayudan a los innovadores a poner en marcha nuevos negocios y a crear empleos aquí mismo, en África. Los hombres y mujeres que forman parte de nuestra Iniciativa de Líderes Africanos Jóvenes hoy serán los líderes capaces de transformar los negocios, la sociedad civil y los Gobiernos del mañana.

El progreso de África dependerá de un desarrollo que permita a los países pasar verdaderamente de la pobreza a la prosperidad, porque, en todos sitios, las personas merecen la dignidad de vivir una vida sin privaciones. Un niño nacido hoy en África es igual y tiene el mismo valor que un niño nacido en Asia, en Europa o en América. En la conferencia sobre desarrollo celebrada recientemente aquí, en Adís Abeba, los mandatarios africanos ayudaron a forjar un nuevo convenio mundial de financiación para estimular el desarrollo. Y bajo el liderazgo de la Unión Africana, la voz de una África unida contribuirá a dar forma al siguiente conjunto de objetivos de desarrollo mundiales, y deberán plantear una visión del futuro que desean para África.

Por su parte, los Estados Unidos de América continuarán centrando sus esfuerzos en materia de desarrollo, el eje central de nuestro compromiso con África, en ayudarlos a construir sus propias capacidades para hacer realidad esa visión. En lugar de limitarnos a enviar ayuda alimentaria a África, hemos ayudado a más de dos millones de agricultores a emplear nuevas técnicas para mejorar su producción, alimentar a más personas y reducir el hambre. Gracias a nuestra nueva alianza, como parte de la cual tanto el Gobierno como el sector privado invierten miles de millones de dólares en la agricultura africana, creo que podemos alcanzar nuestro objetivo y sacar a cincuenta millones de africanos de la pobreza.

En lugar de limitarnos a enviar ayuda para construir centrales eléctricas, nuestra iniciativa Power Africa está movilizando miles de millones de dólares en inversiones tanto gubernamentales como del sector empresarial para reducir el número de africanos que viven sin electricidad. Ahora bien, un cambio de tal envergadura no será rápido, sino que llevará muchos años. Sin embargo, trabajando en colaboración, creo que podemos llevar la electricidad a más de sesenta millones de hogares y negocios africanos y conectar a más africanos a la economía mundial. *[Aplausos.]*

En lugar de decirle a África que está sola en la lucha contra el cambio climático, estamos proporcionando nuevas herramientas y financiación a más de cuarenta países africanos para ayudarlos a prepararse y adaptarse a las nuevas condiciones. Aprovechando la energía eólica y solar, la inmensa energía geotérmica de este país y los ríos para generar energía hidráulica, pueden convertir esta amenaza en una oportunidad económica. Y quiero instar a África a unirse a nosotros en el rechazo a las viejas divisiones entre norte y sur, para poder así fraguar este año un sólido acuerdo para el clima mundial en París. Porque evitar que en algunas de las poblaciones más pobres del mundo aumente el nivel del mar, haya sequías más intensas y carestía de agua y alimento es una cuestión de supervivencia y una cuestión de dignidad humana.

En lugar de limitarnos a enviar medicamentos, estamos invirtiendo en mejores tratamientos y ayudando a África a evitar y tratar enfermedades. A mediad que los Estados Unidos continúan aportando miles de millones de dólares a la lucha contra el VIH y el sida y que sus países se hacen con una mayor titularidad de programas sanitarios, avanzamos hacia un logro histórico: la primera generación sin sida. *[Aplausos.]* Y si el mundo aprendió algo del Ébola, es que la mejor manera de evitar epidemias es construir potentes sistemas de sanidad pública que impidan que las enfermedades se propaguen. Los Estados Unidos se enorgullecen de colaborar con la Unión Africana y los países africanos en esta misión. Hoy estoy en disposición de anunciar que, de los mil millones de dólares que los Estados Unidos están destinando a esta labor a nivel mundial, la mitad se canalizarán a apoyar programas en África. *[Aplausos.]* Creo que el progreso de África también dependerá de la democracia, porque los africanos, como las gentes del resto del mundo, merecen la dignidad de tener el control de sus propias vidas. *[Aplausos.]* Todos sabemos cuáles son los ingredientes de la democracia real. Incluyen unos comicios libres y justos, pero también la libertad de expresión y de prensa, y la libertad de reunión. Tales derechos son universales. Las Constituciones africanas los recogen. *[Aplausos.]* La Carta Africana de Derechos Humanos y de los Pueblos declara: «Todo individuo tendrá derecho al respeto de la dignidad inherente al ser humano». En Sierra Leona, Ghana, Benín, Botsuana, Namibia y Sudáfrica, la democracia ha arraigado. En Nigeria, más de veintiocho millones de votantes acuden valientemente a las urnas y el poder se transfiere como es debido... pacíficamente. *[Aplausos.]* No obstante, en este preciso momento, estas mismas libertades se deniegan a muchos africanos. Es mi deber proclamar que la democracia no se limita a celebrar unas elecciones formales. *[Aplausos.]* Cuando se encarcela a periodistas por hacer su trabajo o se amenaza a los activistas mientras los Gobiernos aplican mano dura contra la población civil *[aplausos]*, entonces quizá se disfruta de la democracia nominal, pero no esencial. *[Aplausos.]* Y estoy convencido de que ningún país puede disfrutar de la promesa plena de la independencia hasta que protege completamente los derechos de su población.

Así sucede incluso en países que han realizado importantes avances democráticos. Tal como indiqué durante mi visita a Kenia, los destacables progresos que este país ha registrado con la aprobación de una nueva Constitución y la celebración de unas elecciones no pueden ponerse en peligro aplicando restricciones a la sociedad civil. En la misma línea, nuestros anfitriones, los etíopes, tienen mucho de lo que enorgullecerse (me asombra la espectacular labor que se está llevando a cabo en Etiopía) y es cierto que se celebraron unos comicios sin episodios violentos. Pero, tal como he comentado con el primer ministro, Haile Mariam, eso no es más que el comienzo de la democracia. Creo que Etiopía no desatará plenamente el potencial de su población si se coarta la libertad de prensa o si no se permite a los grupos de la oposición participar en el proceso de la campaña electoral. Debo decir en su crédito que el primer ministro ha reconocido que es preciso seguir trabajando para que Etiopía sea una democracia plena y sostenible. *[Aplausos.]*

Esas son las conversaciones que debemos tener como amigos. La democracia estadounidense no es perfecta. Llevamos trabajando en ella muchos años *[aplausos]*, pero nunca dejamos de reevaluar cómo podemos mejorarla. Y esa es precisamente una de nuestras fortalezas, nuestra disposición a observar y detectar honestamente lo que conviene hacer para materializar plenamente las promesas de los documentos fundadores de nuestro país.

Todo país debe atravesar ese proceso. No hay ningún país perfecto, pero debemos ser sinceros y luchar por ampliar nuestras libertades, por ampliar la democracia. La conclusión es que, cuando los ciudadanos no pueden ejercer sus derechos, el mundo tiene la responsabilidad de hablar por ellos. Y eso es lo que harán los Estados Unidos, aunque a veces resulte incómodo *[aplausos]* y aunque en ocasiones tengamos que enfrentarnos a nuestros amigos.

Sé que algunos países callan *[risas]* y quizá ello facilite el trato entre mandatarios. *[Risas.]* Pero, en este aspecto, con los Estados Unidos han topado... porque nosotros somos así. *[Aplausos.]* Creemos en estos principios y vamos a seguir defendiéndolos.

Y quiero reiterar que lo hacemos no porque creamos que nuestra democracia es perfecta ni porque consideremos que todos los países deben seguir exactamente nuestra senda. Han transcurrido más de dos décadas desde la independencia de nuestro país y aún seguimos perfeccionando nuestra unión. No somos inmunes a las críticas. Cuando fallamos a nuestros ideales, nos esforzamos por mejorar. *[Aplausos.]* Pero cuando defendemos nuestros principios, tanto en nuestro país como en el extranjero, nos mantenemos fieles a nuestros valores y ayudamos a mejorar las vidas de las personas allende nuestras fronteras. Consideramos que es importante hacerlo, especialmente importante, en mi opinión, para aquellos que tenemos antepasados africanos, porque sabemos qué se siente cuando se ocupa el extremo receptor de la injusticia. Sabemos qué se siente cuando se es discriminado. *[Aplausos.]* Sabemos qué se siente al ser encarcelado. ¿Cómo podemos mantenernos al margen cuando eso mismo sucede a otras personas?

Seré franco con ustedes: no puede ser que solo los Estados Unidos aborden estos problemas. Los países africanos tienen que debatirlos. *[Aplausos.]* De la misma manera que otros países lideraron su liberación del colonialismo, nuestros países deben alzar la voz cuando se niegan derechos universales. Porque, si verdaderamente creemos que los africanos son iguales en dignidad, entonces los africanos tienen el mismo derecho a las libertades universales, y ese es un principio que todos debemos defender. *[Aplausos.]* No se trata de una idea occidental; es una idea humana.

He de añadir que el progreso democrático de África se pone asimismo en riesgo cuando los dirigentes rehúsan abandonar su cargo al concluir sus mandatos. *[Aplausos.]* Permítanme hablarles con franqueza: no entiendo que esto suceda. *[Risas.]* Yo estoy en mi segundo mandato. Ha sido un privilegio extraordinario para mí ser el presidente de los Estados Unidos. No imagino un mayor honor ni un trabajo más interesante. Me encanta mi trabajo. Pero, de acuerdo con nuestra Constitución, no puedo volver a presentarme a la Presidencia. *[Risas y aplausos.]* No puedo volver a ser candidato. Y creo sinceramente que soy un presidente bastante bueno y que, si me presentara, podría volver a ganar. *[Risas y aplausos.]* Pero no puedo.

Hay muchas cosas que me gustaría hacer para que los Estados Unidos continuaran progresando, pero la ley es la ley. *[Aplausos.]* Y nadie está por encima de la ley. Ni siquiera el presidente. *[Aplausos.]* Y seré franco con ustedes: tengo ganas de vivir sin ser el presidente de los Estados Unidos. *[Risas.]* No necesitaré llevar un dispositivo de seguridad tan grande todo el tiempo. *[Risas.]* Podré salir a dar un paseo. Podré pasar tiempo con mi familia. Y podré encontrar otros modos de servir a mi país. Podré visitar África con más frecuencia. *[Aplausos.]* Lo que quiero decir es que no entiendo por qué hay personas a las que les gusta permanecer en el poder tanto tiempo. *[Risas.]* Sobre todo cuando tienen mucho dinero. *[Risas y aplausos.]*

Cuando un dirigente intenta cambiar las reglas en medio del juego para permanecer en el cargo se arriesga a vivir momentos de inestabilidad y conflictos, tal como ha sucedido en Burundi. *[Aplausos.]* Y a menudo ello supone un primer paso por una senda peligrosa. En ocasiones, uno escucha a algunos líderes políticos afirmar que son las únicas personas capaces de mantener un país unido. *[Risas.]* De ser ello cierto, entonces ese líder ha fracasado en la construcción de su nación. *[Aplausos.]*

Basta con pensar en Nelson Mandela: Madiba, al igual que George Washington, fraguó un legado duradero no solo por lo que hizo mientras ocupaba la Presidencia, sino porque estuvo dispuesto a abandonar su puesto y a transferir el poder pacíficamente. *[Aplausos.]* Y tal como la Unión Africana ha condenado los golpes de Estado y las transferencias ilegítimas de poder, su autoridad y su potente voz también pueden ayudar a los africanos a asegurarse de que sus dirigentes dejen el cargo cuando concluye su mandato, según estipulan sus respectivas Constituciones. *[Aplausos.]* Nadie debería ser presidente de por vida. A todos los países los beneficia contar con sangre e ideas nuevas. *[Aplausos.]* Yo aún soy un hombre bastante joven, pero sé que alguien con nuevas energías y nuevas perspectivas de la vida será bueno para mi país. *[Aplausos.]* Y, en algunos casos, también será bueno para los suyos.

Los progresos de África dependerán asimismo de la seguridad y de la paz, porque una parte esencial de la dignidad humana es vivir seguro y sin miedo. En Angola, Mozambique, Liberia y Sierra Leona, hemos sido testigos del fin de conflictos y del esfuerzo de estos países por reconstruirse. Pero de Somalia a Nigeria y de Malí a Túnez, los terroristas continúan atacando a civiles inocentes. Muchos de estos grupos agitan el estandarte de la religión, pero centenares de millones de musulmanes africanos saben que el islam propugna la paz. *[Aplausos.]* Y debemos llamar a grupos como Al Qaeda, EEIL, Al Shabab y Boko Haram por su nombre: asesinos. *[Aplausos.]*

Frente a las amenazas, África y la Unión Africana han demostrado su liderazgo. Gracias a la fuerza de la Unión Africana en Somalia, Al Shabab controla menos territorio y el Gobierno somalí es cada vez más fuerte. En el África Central, la misión liderada por la Unión Africana continúa mermando al Ejército de Resistencia del Señor. En la cuenca del lago Chad, tropas de diversos países, con el apoyo de la Unión Africana, combaten para poner fin a la brutalidad sin sentido de Boko Haram. Y hoy rendimos homenaje a quienes luchan por proteger a los inocentes, incluidos tantos soldados de las fuerzas de pacificación africanas.

Quiero dejar claro que, en su lucha contra el terror y el conflicto, África tiene a los Estados Unidos de su bando. Con entrenamiento y apoyo, estamos ayudando a los ejércitos africanos a fortalecerse. Los Estados Unidos de América respaldan los esfuerzos de la Unión Africana por reforzar la pacificación y colaboramos con países de la región para hacer frente a las crisis emergentes mediante el Acuerdo de Respuesta Rápida para la Pacificación de África.

El mundo también debe volcarse más en esta ayuda. El próximo otoño, en las Naciones Unidas, albergaré una cumbre para llegar a nuevos compromisos para fortalecer el apoyo internacional a la pacificación, inclusive aquí, en África. Y a partir de los compromisos originados aquí, en la Unión Africana, trabajaremos para desarrollar una nueva colaboración entre la ONU y la Unión Africana, capaz de proporcionar un apoyo fiable a las operaciones de paz de esta última. Si tanto los Gobiernos africanos como sus socios internacionales refuerzan su apoyo, podemos transformar nuestra colaboración para promover la seguridad y la paz en África.

Nuestros esfuerzos por garantizar la seguridad de todos deben equipararse con un compromiso de mejora de la gobernanza. Ambas cosas están conectadas. Una buena gobernanza es una de las mejores armas contra el terrorismo y la inestabilidad. Nunca ganaremos la lucha contra los grupos terroristas, por ejemplo, si no solventamos los agravios que los terroristas pueden intentar explotar, si no contamos con la confianza de todas las comunidades, si no velamos por el imperio de la ley. Hay un dicho que me parece muy atinado: si sacrificamos la libertad en nombre de la seguridad, nos arriesgamos a perder ambas. *[Aplausos.]*

Asimismo, es preciso aplicar esta misma resolución para poner fin a los conflictos. En la República Centroafricana, el espíritu de diálogo mostrado recientemente por los ciudadanos de a pie debe encontrar parangón en unos dirigentes comprometidos a celebrar unas elecciones inclusivas y una transición pacífica. En Malí, el acuerdo de paz general debe cumplirse. Y los dirigentes de Sudán deben saber que su nación nunca prosperará mientras libren guerras contra su propia población. El mundo no olvidará lo ocurrido en Darfur.

En Sudán del Sur, la alegría de la independencia ha derivado en la desesperanza de la violencia. Estuve presente en la reunión de las Naciones Unidas en la que ensalzamos a Sudán del Sur como la promesa de un nuevo principio. Y ni el señor Kiir ni el señor Machar han demostrado, hasta la fecha, interés alguno en librar a su pueblo de este sufrimiento o de alcanzar una solución política.

Ayer me reuní con dirigentes de esta región. Convenimos en que, a tenor de la situación actual, el señor Kiir y el señor Machar deben llegar a un acuerdo antes del 17 de agosto; en caso contrario, creo que la comunidad internacional debe incrementar los costes de la intransigencia. El mundo entero espera el informe de la Comisión de Investigación de la Unión Africana, porque exigir responsabilidad por las atrocidades debe ser parte de cualquier paz duradera en el país más joven de África. *[Aplausos.]*

Finalmente, el progreso de África dependerá de garantizar los derechos humanos de toda la población, de garantizar que todos y cada uno de nosotros sea tratado con dignidad y que todos y cada uno de nosotros aplique esa misma dignidad a los demás. En mi papel de presidente, he considerado importante reunirme con muchos de nuestros jóvenes líderes africanos. Uno de ellos era un joven senegalés que me dijo algo maravilloso acerca de sumar fuerzas con tantos de sus hermanos y hermanas africanos. Sus palabras fueron: «Aquí he conocido

África, el África en la que siempre he creído. Es bella, es joven y rebosa talento, motivación y ambición». Y yo estoy de acuerdo con él.

África son las bellas y talentosas hijas, tan capaces como los hijos africanos. *[Aplausos.]* Como padre, considero que mis dos hijas tienen las mismas posibilidades de perseguir sus sueños que el hijo de cualquiera, y esa idea es extensible a las niñas africanas. *[Aplausos.]* Nuestras niñas merecen un trato igualitario.

No podemos permitir que las viejas tradiciones se interpongan en el camino. La historia nos demuestra que tenemos la capacidad de ampliar nuestra imaginación moral. Ello nos permite identificar las tradiciones que son beneficiosas para nosotros, que nos mantienen anclados, y diferenciarlas de otras tradiciones, aún vigentes en el mundo moderno, que nos retrasan. Cuando se somete a las niñas africanas a la mutilación de sus cuerpos o se las obliga a contraer matrimonio a los nueve, diez u once años de edad, ello supone un retraso. No estamos ante una tradición enriquecedora. Es necesario ponerle fin. *[Aplausos.]*

Cuando más del ochenta por ciento de los nuevos casos de VIH en los países azotados con más dureza por esta plaga se registran entre muchachas adolescentes, nos hallamos ante una tragedia, ante un retraso. Por ello, los Estados Unidos han iniciado una colaboración con diez países africanos (Kenia, Lesoto, Malaui, Mozambique, Sudáfrica, Suazilandia, Tanzania, Uganda, Zambia y Zimbabue) con el fin de mantener a las muchachas adolescentes seguras y sin sida. *[Aplausos.]* Y cuando no se permite a las niñas ir a la escuela y crecen sin saber leer ni escribir, se priva al mundo de futuras ingenieras, doctoras, empresarias y presidentas, y ello supone un retraso. *[Aplausos.]* No proporcionar a nuestras hijas la misma educación que a nuestros hijos es una mala tradición.

En Kenia dije que nadie montaría un equipo de fútbol para luego sacar solo a jugar a la mitad del equipo... porque perdería. *[Aplausos.]* Lo mismo ocurre con la provisión de una educación a todo el mundo. No puedes dejar a la mitad del equipo fuera, a nuestras jóvenes. De manera que, como parte del apoyo que los Estados Unidos bridan a la educación y la salud de nuestras hijas, mi esposa, Michelle, está contribuyendo a liderar una campaña mundial con nuevas acciones en Tanzania y Malaui y un único mensaje: «Let Girls Learn»,[1] dejemos que las niñas aprendan para que crezcan sanas y fuertes. *[Aplausos.]* Será algo positivo para las familias. Crecerán siendo niñas sanas e inteligentes, y eso será algo bueno para el conjunto de sus países.

África son las mujeres bellas y fuertes en las que se convertirán esas niñas. El mejor indicador de si un país logrará el éxito es analizar cómo trata a sus mujeres. *[Aplausos.]* Cuando las mujeres cuentan con asistencia sanitaria y educación, las familias son más fuertes, las comunidades son más prósperas, los niños obtienen mejores resultados en las escuelas y los países florecen. Contemplen a las asombrosas mujeres africanas presentes en este auditorio. *[Aplausos.]* Si desean que su país prospere y conozca el éxito, deben dotar de poder a sus mujeres. Y si desean dotar de poder a sus mujeres, los Estados Unidos serán sus aliados. *[Aplausos.]*

Colaboremos para poner fin a las agresiones sexuales y a la violencia doméstica. Dejemos claro que no toleraremos la violación como un arma bélica: es un delito. *[Aplausos.]* Y quienes la cometen deben ser castigados. Alcemos a la próxima generación de mujeres dirigentes que pueden ayudarnos a com-

---

1. Es el nombre de la campaña, que se traduce como «Dejemos que las niñas aprendan». [*N. de los t.*]

batir la injusticia, a forjar la paz, a poner en marcha nuevas empresas y a crear empleo... Y es posible que algunas de ellas también contraten a hombres... *[Risas.]* Todos estaremos mejor cuando las mujeres disfruten de igualdad de oportunidades para el futuro.

Y África es también el bello tapiz de sus culturas y etnias, de sus razas y religiones. Anoche vimos una asombrosa compañía de danza compuesta por niños de la calle que actuaron para el primer ministro y para mí. Hablaban ochenta idiomas distintos y sumaban no sé cuántos grupos étnicos. Interpretaron unos treinta bailes distintos. El primer ministro intentaba seguirles el ritmo, bueno, eso creo *[risas]*, pero se movían muy rápido. Esa diversidad, aquí, en Etiopía, es representativa de la diversidad en toda África. *[Aplausos.]* Y eso es una gran fortaleza.

Ayer tuve también el privilegio de ver a Lucy, ya saben a qué Lucy me refiero, a nuestro ancestro de más de tres millones de años. *[Aplausos.]* En este árbol de la humanidad, con todas nuestras ramas y diversidad, todos surgimos de una misma raíz. Somos una gran familia, todos pertenecemos a la misma tribu. Y, pese a ello, gran parte del sufrimiento en el mundo radica en nuestra incapacidad de recordar ese simple hecho, de reconocernos en el otro. *[Aplausos.]*

Creemos que porque la piel de una persona es ligeramente distinta, porque su cabello es ligeramente diferente, porque su fe religiosa se expresa de otro modo o porque habla otro idioma, de alguna manera ello justifica que la tratemos con menos dignidad. Esa es la fuente de muchos de nuestros problemas. Creemos que, de algún modo, nos engrandecemos cuando empequeñecemos al prójimo. Y ese es también el origen de muchos de nuestros problemas. Cuando empezamos a contemplar al otro como inferior a nosotros, cuando sucumbimos a estas divisiones artificiales de fe, culto, tribu o etnia, incluso los abusos más atroces hallan justificación en las mentes de quienes así piensan. Y al final, quienes cometen dichos abusos también pierden su humanidad. *[Aplausos.]*

Nelson Mandela nos enseñó que «ser libres no significa simplemente desprenderse de las propias cadenas, sino vivir de un modo que respete y mejore la libertad de los demás».

Todos somos iguales. Todos tenemos valor. Todos somos importantes. Y cuando respetamos la libertad del prójimo, al margen del color de su piel, de su credo, de quién sea o de a quién ame, somos más libres. *[Aplausos.]* Su dignidad depende de mi dignidad y mi dignidad depende de la suya. Imaginen que todo el mundo estuviera convencido de ello. Imaginen que los Gobiernos se rigieran por ese principio. *[Aplausos.]* Imaginen cómo podría ser el mundo... y el futuro que podríamos legar a esta juventud.

En nuestro mundo, el pensamiento anticuado puede ser obstinado. Y ese es uno de los motivos por los que necesitamos limitar los mandatos: porque los viejos piensan a la vieja usanza. Y pueden ver mis canas, me estoy haciendo viejo. *[Risas.]* Los viejos métodos pueden ser pertinaces. Sin embargo, estoy convencido de que el corazón humano es más fuerte. Creo que los corazones pueden cambiar. Y que las mentes pueden abrirse. Así es como se producen los cambios. Así es como avanzan las sociedades. No siempre se progresa en línea recta, a veces también se camina con paso vacilante, se avanza un poco y luego se retrocede. Pero creo que estamos en marcha y que nos encaminamos hacia ideales de justicia e igualdad.

Así fue como los países africanos consiguieron la independencia; no solo con rifles, sino también con principios e ideales. *[Aplausos.]* Así fue como los afroamericanos ganamos la lucha de los derechos civiles. Así fue como los sudafricanos, blancos y negros, derribaron el *apartheid*. Y es por ello que hoy puedo alzarme aquí ante ustedes como el primer presidente afroamericano de los Estados Unidos. *[Aplausos.]*

Un nuevo pensamiento. Desencadenar un crecimiento que genere oportunidades. Fomentar un desarrollo que ayude a las personas a salir de la pobreza. Apoyar una democracia que dé voz a la ciudadanía. Incrementar la seguridad y la justicia que garantizan la paz. Respetar los derechos humanos de todas las personas. Esas son las claves del progreso, no solo en África, sino en todo el mundo. Y esa es la labor que podemos hacer juntos.

Me siento esperanzado. Mientras me preparo para regresar a mi hogar, comparto el pensamiento con ese joven senegalés que dijo: «Aquí he conocido África, el África en la que siempre he creído. Es bella, es joven y rebosa talento, motivación y ambición». A lo cual yo simplemente añadiría: mientras construyen el África en la que creen, no tendrán un mejor aliado ni un mejor amigo que los Estados Unidos de América. *[Aplausos.]*

Que Dios bendiga África. Que Dios bendiga los Estados Unidos de América. Muchas gracias a todos. Muchas gracias. *[Aplausos.]*

17 de enero de 2016

DECLARACIONES DEL PRESIDENTE SOBRE IRÁN

Sala del Gabinete, Casa Blanca
Washington, D. C.

EL PRESIDENTE: Hoy es un buen día, porque, una vez más, comprobamos la capacidad de maniobra de una diplomacia estadounidense sólida.

Tal como afirmé en mi discurso sobre el estado de la Unión, garantizar la seguridad de los Estados Unidos y de su población exige adoptar una concepción del mundo inteligente, paciente y disciplinada. Ello engloba mantener relaciones diplomáticas con la República Islámica de Irán. Durante décadas, nuestras diferencias con Irán implicaron que ambos Gobiernos prácticamente no mantuvieran diálogo alguno. Y en última instancia, ello no fue en el interés de los Estados Unidos. En el transcurso de los años, Irán se acercó cada vez más a la posibilidad de fabricar un arma nuclear. Pero desde el presidente Franklin Roosevelt hasta John F. Kennedy y Ronald Reagan, los Estados Unidos nunca han temido mantener relaciones diplomáticas con sus adversarios. Y como presidente, yo decidí que unos Estados Unidos sólidos y confiados podían mejorar su seguridad nacional negociando directamente con el Gobierno iraní.

Hemos comprobado los resultados. Con acuerdo al pacto nuclear que nosotros, nuestros aliados y nuestros socios alcanzamos con Irán el año pasado, Irán ya no pondrá las manos sobre una bomba nuclear. La región, los Estados Unidos y el mundo en su conjunto serán más seguros. Tal como he afirmado en numerosas ocasiones, el pacto nuclear no pretendía resolver todas nuestras diferencias con Irán. Pero aun así, conversar directamente con el Gobierno iraní de manera continua, por primera vez en décadas, ha permitido crear una oportunidad única, una ventana, para intentar resolver asuntos importantes. Y hoy puedo informar de avances en diversos frentes.

En primer lugar, ayer fue un día histórico en la prevención de que Irán obtenga un arma nuclear. Irán ha cumplido compromisos clave con acuerdo al pacto nuclear. Me gustaría dedicar un momento a explicar por qué esto es tan importante.

Durante más de una década, Irán había avanzado en su programa nuclear y, antes del pacto, había instalado cerca de veinte mil centrifugadoras capaces de enriquecer uranio para obtener una bomba nuclear. En la actualidad, Irán ha retirado dos tercios de esas máquinas. Antes del pacto, Irán aumentaba incesantemente sus reservas de uranio enriquecido, suficientes para crear hasta diez bombas nucleares. En la actualidad, más del noventa y ocho por ciento de dichas reservas se han retirado de Irán por barco, lo cual significa que hoy Irán no posee material suficiente para fabricar ni una sola bomba. En el pasado, Irán estaba cerca de completar un nuevo reactor capaz de producir plutonio para una bomba. En la actualidad, el núcleo de ese reactor ha sido extraído y rellenado de hormigón para que no pueda volver a utilizarse.

Antes del pacto, el mundo conocía relativamente poco el programa nuclear de Irán. En la actualidad hay inspectores internacionales desplegados sobre el terreno e Irán está siendo sometido al régimen de inspección más exhaustivo e intrusivo jamás negociado para supervisar un programa nuclear. Los inspectores examinarán las instalaciones nucleares clave de Irán veinticuatro horas al día los trescientos sesenta y cinco días del año. En las décadas venideras, los inspectores tendrán acceso a toda la cadena de suministros nucleares de Irán. En otras palabras, si Irán intenta engañar al mundo, si intenta fabricar una bomba de manera encubierta, lo detectaremos.

La conclusión es la siguiente: en el pasado, Irán ampliaba progresivamente su programa nuclear, pero hoy hemos cercenado todas y cada una de las vías que podría haber utilizado para fabricar una bomba. Mientras que en el pasado Irán habría tardado entre dos y tres meses en acumular material suficiente para avanzar aceleradamente hacia la fabricación de una bomba, hoy hemos ampliado ese lapso a un año y, gracias a las inspecciones y al acceso sin precedentes que el mundo tiene al programa nuclear de Irán, sabremos si pretende fabricar una bomba.

Ahora que las acciones de Irán se han verificado, el país puede empezar a disfrutar de exenciones a determinadas sanciones nucleares y obtener acceso a los fondos que se le habían congelado. Pero quizá lo más importante de todo es que hemos logrado este avance histórico mediante la diplomacia, sin recurrir a otra guerra en Oriente Próximo.

Me gustaría señalar también que la colaboración con Irán en este pacto nuclear nos ha permitido abordar otros asuntos. Cuando nuestros marineros en el Golfo Pérsico incursionaron accidentalmente en aguas iraníes, podría haberse desencadenado un incidente internacional importante. Hubo incluso quien desde Washington se aventuró a declarar que era el inicio de otra crisis de los rehenes. En su lugar, conversamos directamente con el Gobierno iraní y logramos la liberación de nuestros marineros en menos de veinticuatro horas.

Esto me lleva a un segundo gran avance: varios estadounidenses retenidos injustamente por Irán por fin regresarán a sus hogares. En algunos casos, estos estadounidenses afrontaban años de encarcelamiento. Me reuní con algunas de sus familias. Fui testigo de su angustia y de su aflicción por sus hijos y esposos. Di a esas familias mi palabra, les prometí que haríamos todo cuanto estuviera en nuestra mano para lograr la liberación de sus seres queridos. Y hemos sido incansables en este asunto. Al margen de las negociaciones nucleares, nuestros diplomáticos del máximo nivel, incluido el secretario Kerry, aprovecharon todas las reuniones para forzar a Irán a liberar a los ciudadanos estadounidenses. Yo mismo lo hice durante mi conversación con el presidente Rouhaní. Una vez completado el pacto nuclear, las conversaciones entre nuestros Gobiernos se aceleraron. Ayer, esas familias finalmente recibieron la noticia que tanto habían esperado.

Jason Rezaian regresa a casa. Jason, un valiente periodista de *The Washington Post* que escribía acerca de las vidas cotidianas y las esperanzas del pueblo iraní, ha permanecido un año y medio encarcelado. A estas horas, Jason se encuentra con su esposa y su madre.

El pastor Saeed Abedini también regresa a casa. Retenido durante tres años y medio, su fe inquebrantable ha inspirado a personas de todo el mundo en la lucha mundial por la defensa de la libertad de religión. Ahora, el pastor Abedini regresará a su iglesia y a su comunidad en Idaho.

Amir Hekmati regresa a casa. El exsargento de la marina estadounidense ha permanecido encarcelado durante cuatro años y medio. Hoy, sus padres y hermanas dan las gracias por su liberación en Míchigan.

Otros dos estadounidenses injustamente detenidos por Irán también han sido liberados: Nosratollah Khosravi-Roodsari y Matthew Trevithick, un iraní que se encontraba estudiando en Irán. Sus casos eran prácticamente desconocidos para el mundo. Pero el hecho de que se libere a estadounidenses y se reúnan con sus familias es algo que todos podemos celebrar.

Desde aquí quiero dar las gracias a mi equipo en seguridad nacional, en especial al secretario Kerry, a mi asesora en seguridad nacional, Susan Rice; a Brett McGurk, a Avril Haines y a Ben Rhodes, puesto que todo nuestro equipo trabajó incansablemente por devolver a los estadounidenses a sus hogares, y lo han conseguido. Y quiero dar las gracias también al Gobierno suizo, que representa nuestros intereses en Irán, por su ayuda imprescindible.

Entre tanto, Irán ha accedido a incrementar nuestra coordinación para intentar localizar a Robert Levinson, desaparecido en el país hace más de ocho años. Pese a alegrarnos del retorno de los demás a sus hogares sanos y salvos, no olvidamos a Bob. Todos y cada uno de los días, pero especialmente hoy, nuestros corazones están con la familia de Levinson y no descansaremos hasta que esa familia vuelva a estar completa.

En un gesto humanitario recíproco, seis iraníes estadounidenses y un iraní que cumplían sentencia o aguardaban a ser juzgados en los Estados Unidos recibirán clemencia. Sobre estos individuos no pesaban acusaciones por actos terroristas u otros delitos violentos. Son civiles, y su liberación es un gesto único en la historia para con Irán aprovechando la oportunidad única que ofrecía este momento y la coyuntura general. Es asimismo un gesto que refleja nuestra voluntad de colaborar con Irán en la defensa de nuestros intereses mutuos, al tiempo que garantizamos la seguridad nacional en los Estados Unidos.

Así pues, pacto nuclear implementado y familias estadounidenses reunidas. La tercera pieza del trabajo que hemos realizado este fin de semana implicaba la resolución por parte de los Estados Unidos e Irán de una disputa financiera que se remontaba a más de tres décadas. Desde 1981, después de la ruptura de las relaciones diplomáticas entre nuestros países, nos hemos enfrentado en un tribunal internacional para resolver varias reclamaciones entre nuestros países. Los Estados Unidos e Irán se hallan en proceso de llegar a un acuerdo con respecto a una reclamación de largo recorrido que el Gobierno iraní plantea contra el Gobierno estadounidense. Se reintegrarán a Irán sus fondos, si bien en una cantidad muy inferior a la que reclamaba.

Para los Estados Unidos, este acuerdo podría ahorrarnos miles de millones de dólares que Irán podría haber reclamado. Continuar lastrando este problema no habría entrañado ningún beneficio para nuestro país. Una vez cerrado el pacto nuclear y liberados los prisioneros, calculamos que era el momento idóneo para solventar también esta disputa.

Por supuesto, pese a implementar el pacto nuclear y dar la bienvenida a los ciudadanos estadounidenses a sus hogares, reconocemos la existencia de hondas diferencias entre los Estados Unidos e Irán. Mantenemos nuestra firme oposición a las acciones desestabilizadoras de Irán en otras regiones, incluidas las amenazas contra Israel y nuestros socios del Golfo, y su respaldo a agentes violentos en lugares como Siria o Yemen. Seguimos imponiendo sanciones a Irán por su violación de los derechos humanos, su apoyo al terrorismo y su programa de misiles balísticos. Y continuaremos velando por el cumplimiento de dichas sanciones con vehemencia. El reciente ensayo nuclear de Irán, por ejemplo, supuso una infracción de sus obligaciones internacionales. Y a resultas de ello, los Estados Unidos están imponiendo sanciones a individuos y empresas que colaboran en el avance del programa de misiles balísticos iraní. Continuaremos vigilantes en este aspecto. No titubearemos en la defensa de nuestra seguridad o la de nuestros aliados y socios.

Sin embargo, una vez más me gustaría dirigirme directamente al pueblo iraní. La vuestra es una gran civilización, con una cultura vibrante que tiene multitud de cosas que aportar al mundo, tanto en el ámbito del comercio como de la ciencia y el arte. Durante décadas, las acciones y amenazas de vuestro Gobierno para desestabilizar vuestra región han aislado a Irán de gran parte del mundo. Ahora, nuestros Gobiernos dialogan. Tras el pacto nuclear, los iraníes, sobre todo los jóvenes, tenéis la oportunidad de empezar a entablar nuevos lazos con el mundo. Se nos presenta la inusitada oportunidad de internarnos por una nueva senda, una senda hacia un futuro distinto y mejor que aporte progreso a nuestros dos pueblos y al mundo en general. Tal es la oportunidad que el pueblo iraní tiene ante sí. Y debemos aprovecharla.

Conciudadanos estadounidenses, hoy estamos unidos en la recepción de los hijos, esposos y hermanos que, en solitarias celdas de prisiones, han vivido una pesadilla sin paliativos. Pero ellos nunca se rindieron, nunca se dieron por vencidos. Por fin, después de tanto tiempo, todos podemos alzarnos en pie y respirar profundamente el aire fresco de la libertad.

En tanto que nación, afrontamos desafíos reales, en todo el mundo, pero también aquí, en nuestro país. Muchos de ellos no se resolverán rápida ni fácilmente. Pero los progresos de hoy, el retorno de ciudadanos estadounidenses y el hecho de que Irán haya recortado su programa nuclear y haya aceptado un control sin precedentes del mismo, suponen un recordatorio de lo que podemos lograr si nos gobernamos con fortaleza y sabiduría, con valor, determinación y paciencia. Los Estados Unidos de América pueden hacer, y han hecho, grandes cosas cuando actúan unidos. Podemos dejar este mundo convertido en un lugar más seguro para nuestros hijos, para nuestros nietos y para las generaciones venideras.

Quiero expresar una vez más mi gratitud al secretario Kerry y a todo nuestro equipo nacional de seguridad, encabezado por Susan Rice. Asimismo, agradezco toda la ayuda que nos han brindado nuestros aliados y socios. Albergo la esperanza de que esto señale la oportunidad, al menos para Irán, de cooperar con países de todo el mundo para avanzar en su propio interés y en el interés de personas que persiguen la paz y la seguridad de sus familias.

Muchas gracias. Que Dios os bendiga y bendiga a los Estados Unidos de América.

28 de julio de 2016

DISCURSO DEL PRESIDENTE
EN LA CONVENCIÓN NACIONAL DEMÓCRATA

Wells Fargo Center
Filadelfia, Pensilvania

EL PRESIDENTE: Gracias. *[Aplausos.]* Muchas gracias. Gracias a todos. *[Aplausos.]* Gracias. *[Aplausos.]*

PÚBLICO: ¡Obama! ¡Obama! ¡Obama!

MIEMBRO DEL PÚBLICO: ¡Te queremos!

EL PRESIDNETE: ¡Y yo a vosotros! *[Aplausos.]*

¡Hola, América! ¡Hola, demócratas! *[Aplausos.]*

Hace ahora doce años pronuncié mi primer discurso ante esta convención. *[Aplausos.]* Conocisteis a mis dos hijitas, Malia y Sasha, hoy convertidas en dos mujeres maravillosas de las que me siento profundamente orgulloso. *[Aplausos.]* Os enamorasteis de mi brillante esposa y compañera, Michelle *[aplausos]*, quien ha hecho de mí un mejor padre y un mejor hombre, quien ha inspirado sin cese a nuestro país en su papel de primera dama *[aplausos]* y quien no ha envejecido ni un ápice. *[Aplausos.]*

Soy consciente de que no puede decirse lo mismo de mí. *[Risas.]* Mis hijas no se cansan de recordármelo. «¡Cuánto has cambiado, papá!» *[Risas.]* Y luego intentan limar hierro al asunto añadiendo: «No estás mal, solo tienes un aspecto más maduro.» *[Risas.]*

Y es cierto: yo era muy joven aquella primera vez en Boston. *[Aplausos.]* Y permitidme que lo confiese, quizá estaba un poco nervioso ante el hecho de tener que dirigirme a una muchedumbre tan numerosa. Pero estaba rebosante de esperanza, esperanza en los Estados Unidos de América, el país generoso, ilusionado y de gran corazón que ha hecho mi historia y todas nuestras historias posibles.

En el transcurso de estos años han sucedido muchas cosas. Y si bien este país ha sido puesto a prueba por guerra, por una recesión económica y por toda índole de desafíos, vuelvo a alzarme ante vosotros esta noche, tras casi dos mandatos como presidente, para explicaros que hoy me siento más optimista que nunca con respecto al futuro de los Estados Unidos. *[Aplausos.]*

¿Cómo podría ser de otra manera, después de todo lo que hemos logrado juntos? Hemos conseguido sobreponernos a la peor recesión en ochenta años. Hemos sido testigos de la reducción del déficit, de la recuperación de los planes de jubilación 401k, de los nuevos récords alcanzados por nuestra industria automovilística, del descenso del desempleo a su nivel mínimo en los últimos ocho años y de la capacidad del sector empresarial de crear quince millones de empleos nuevos. *[Aplausos.]*

Tras un siglo de intentarlo, logramos que la sanidad pública en los Estados Unidos dejara de ser un privilegio para unos pocos y pasara a ser un derecho para todo el mundo. *[Aplausos.]* Tras décadas de conversaciones, finalmente empezamos a atajar nuestra dependencia del petróleo extranjero. Hemos duplicado nuestra producción de energías limpias. *[Aplausos.]* Hemos ordenado el retorno a casa, junto a sus familias, a más soldados desplegados en el extranjero y ajusticiamos a Osama bin Laden. *[Aplausos.]* Mediante la diplomacia, desarmamos el programa de armas nucleares iraní. *[Aplausos.]* Inauguramos un nuevo capítulo con el pueblo de Cuba y hemos recabado el apoyo de cerca de doscientos países para cerrar un acuerdo climático que podría salvar este planeta para nuestros hijos. *[Aplausos.]*

Hemos implementado políticas para conceder préstamos a estudiantes, para proteger a los consumidores del fraude y para recortar a casi la mitad la cantidad de veteranos sin hogar. *[Aplausos.]* Y mediante incontables actos tácitos de valentía, los Estados Unidos han aprendido que el amor no conoce límites y la igualdad en el matrimonio es hoy una realidad en todo el país. *[Aplausos.]*

Gracias a todas estas medidas, nuestro país es hoy más fuerte y próspero de lo que era cuando accedimos al poder. En cada victoria, y también en cada derrota, he insistido en que los cambios nunca son fáciles y nunca son rápidos, y he dejado claro que no alcanzaríamos todos nuestros retos en una sola legislatura, ni en una Presidencia ni en toda una vida.

Por eso esta noche estoy aquí para deciros que, en efecto, aún nos queda trabajo por hacer. Más trabajo por hacer en nombre de cada estadounidense que necesita un buen empleo o un aumento salarial, una baja remunerada o una jubilación decente; en nombre de cada niño que precisa una escalera más robusta para salir de la pobreza o para acceder a una educación de nivel mundial, y en nombre de todas esas personas que aún no han notado el progreso registrado en los últimos siete años y medio. Debemos seguir haciendo nuestras calles más seguras, nuestros sistemas de justicia criminal más justos *[aplausos]*, nuestra patria más segura y nuestro mundo más pacífico y sostenible para la generación venidera. *[Aplausos.]* Aún no hemos acabado de perfeccionar nuestra unión ni estamos viviendo de acuerdo con nuestro credo fundador, según el cual todos fuimos creados en igualdad y todos somos libres ante los ojos de Dios. *[Aplausos.]*

Y ese trabajo comporta adoptar una importante decisión este noviembre. Creo que es justo afirmar que estas no serán unas elecciones típicas. No se trata de elegir entre partidos o políticas, ni entre los debates habituales entre la izquierda y la derecha. Estamos ante una decisión más fundamental que tiene que ver con quiénes somos como personas y en nuestra fidelidad a este magnífico experimento americano del autogobierno.

Como todos sabéis, los demócratas siempre hemos tenido numerosas discrepancias con el Partido Republicano, y no hay nada malo en ello. Precisamente esa contraposición de ideas es lo que hace avanzar a nuestro país. *[Aplausos.]* Pero lo que escuchamos en Cleveland la semana pasada no fue especialmente republicano, y desde luego no fue conservador. Lo que escuchamos fue una visión hondamente pesimista de un país en el que nos damos la espalda unos a otros y le damos la espalda al resto del mundo. No se propusieron soluciones serias a problemas apremiantes, solo se espolearon el resentimiento, la culpa, la ira y el odio.

Y esa no es la América que yo conozco. *[Aplausos.]* La América que yo conozco es un país rebosante de valor, de optimismo y de ingenio. La América que yo conozco es decente y generosa. *[Aplausos.]* Evidentemente que existen inquietudes reales, como pagar las facturas, proteger a nuestros hijos o cuidar a un padre enfermo. Nos frustra la paralización política y nos preocupan las diferencias raciales. Nos conmociona y entristece la insensatez de Orlando o Niza. Y hay reductos de los Estados Unidos que nunca se han recuperado de los cierres de fábricas; hombres que se enorgullecían de su arduo trabajo y del sustento que proporcionaban a sus familias se sienten hoy olvidados, y muchos padres se preguntan si sus hijos tendrán las mismas oportunidades que tuvimos nosotros.

Todo eso es real. Afrontamos el desafío de mejorar sin cese.

Pero, mientras recorría este país, mientras atravesaba sus cincuenta estados, y compartía con vosotros alegrías y pesares, lo que también he visto, más que ninguna otra cosa, es la cara buena de los Estados Unidos. *[Aplausos.]* Veo a personas que trabajan duramente y echan a rodar negocios. Veo a personas enseñando a nuestros niños y sirviendo a nuestro país. Veo a ingenieros inventando nuevas cosas y a médicos descubriendo nuevas curas. Veo a una generación más joven llena de energía y de nuevas ideas, que no se limita a aceptar la realidad tal como es, sino que está dispuesta a luchar por la realidad que debería ser. *[Aplausos.]*

Y por encima de todo, veo a estadounidenses de todos los partidos, de todos los bagajes y de todas las religiones que devienen más fuertes cuando suman esfuerzos: negros, blancos, latinos, asiáticos y amerindios; jóvenes y viejos; homosexuales y heterosexuales; hombres y mujeres, y personas con discapacidades, todos ellos jurando lealtad, orgullosos, bajo la misma bandera, a este gran y osado país que tanto amamos. *[Aplausos.]* Eso es lo que veo. ¡Esa es la América que yo conozco! *[Aplausos.]*

Y sólo hay una candidata en esta carrera que crea en ese futuro, una mujer que ha dedicado toda su vida a construir ese futuro; una madre y abuela que haría todo cuanto estuviera en su mano por ayudar a nuestros hijos a prosperar; una líder con planes reales para derribar barreras, para hacer añicos los techos de cristal y ampliar el círculo de oportunidades de todos y cada uno de los estadounidenses, la próxima presidenta de los Estados Unidos de América: Hillary Clinton. *[Aplausos.]*

PÚBLICO: ¡Hillary! ¡Hillary! ¡Hillary!

EL PRESIDENTE: ¡Así es!

Permitidme que os explique algo. Posiblemente recordéis que hace ocho años Hillary y yo nos disputamos la candidatura demócrata. Batallamos durante un año y medio. Y fue una batalla dura, porque Hillary es una mujer dura. Acabé exhausto. *[Risas.]* Hillary hacía lo mismo que yo, pero como Ginger Rogers, hacia atrás y con tacones altos. *[Aplausos.]* Y cada vez que creí que podía haber ganado la carrera, ella reaparecía más fuerte que nunca. *[Aplausos.]*

No obstante, cuando todo ello hubo concluido, solicité a Hillary que formara parte de mi equipo. *[Aplausos.]* Se mostró algo sorprendida. Y lo mismo ocurrió con parte de mi personal. *[Risas.]* Pero al final accedió, porque sabía que lo que estaba en juego era algo muy superior a cualquiera de nosotros. *[Aplausos.]* Y durante cuatro años, durante cuatro años, tuve un asiento en primera línea que me permitió comprobar en directo su inteligencia, su juicio y su disciplina. En ese tiempo supe apreciar que su increíble ética laboral no buscaba elogios ni atención, sino que ella estaba en esto por todas esas personas que necesitan a alguien que las defienda. *[Aplausos.]* Y entendí que, tras todos estos años, Hillary nunca ha olvidado por quién luchaba. *[Aplausos.]*

Hillary continúa teniendo la tenacidad que tenía de joven, cuando trabajaba en el Fondo de Defensa de la Infancia e iba de puerta en puerta para asegurarse de que los niños con discapacidades tuvieran acceso a una educación de calidad. *[Aplausos.]*

Aún conserva el corazón que nos mostró siendo nuestra primera dama y trabajando con el Congreso para aprobar un Programa de Asistencia Sanitaria Infantil que a día de hoy sigue protegiendo a millones de niños. *[Aplausos.]*

Seguía estremeciéndose con el recuerdo de todos los norteamericanos a quienes conoció que perdieron a sus seres queridos el 11 de septiembre, lo cual la impulsó, en tanto que senadora de Nueva York, a luchar duramente por conseguir financiación para los servicios de emergencia y para reconstruir la ciudad. Y por ese mismo motivo, siendo ya secretaria de Estado, se sentó conmigo en la Sala de Situaciones y defendió con vehemencia la misión que acabó con la vida de Bin Laden. *[Aplausos.]*

Permitidme que os diga algo: nada te prepara para las exigencias del Despacho Oval. Puedes leer sobre ello. Puedes estudiarlo. Pero, hasta que no te sientas ante ese escritorio, no sabes lo que significa gestionar una crisis mundial o enviar a jóvenes a la guerra. Pero Hillary ya ha estado en ese despacho y ha participado en la adopción de esas decisiones. Sabe lo que está en juego en las decisiones que adopta nuestro Gobierno, lo que está en juego para las familias trabajadoras medias, para los ciudadanos de la tercera edad, para los propietarios de pequeñas empresas, para nuestros soldados y para nuestros veteranos. E incluso en medio de una situación de crisis, tiene la capacidad de escuchar, mantiene la cabeza fría y trata a todo el mundo con respeto. Y por muy desalentadoras que sean las probabilidades y por muchas personas que intenten derribarla, nunca nunca abandona. *[Aplausos.]*

Esa es la Hillary a quien yo conozco. Esa es la Hillary a quien he acabado admirando. Y por eso puedo afirmar, con total seguridad, que no ha habido nunca ningún hombre ni ninguna mujer, ni yo, ni Bill ni nadie, más cualificado que Hillary Clinton para presidir los Estados Unidos de América. *[Aplausos.]*

Espero que no te ofendas, Bill, pero es la verdad. *[Risas.]*

Y, por cierto, en caso de que os preguntéis por su juicio, echad un vistazo al compañero de fórmula que ha elegido. *[Aplausos.]* Tim Kaine es el hombre más honesto y el funcionario más humilde y comprometido que conozco. Conozco a su familia. Adoro a Anne. Y adoro a sus hijos. Será un magnífico vicepresidente. Y convertirá a Hillary en una mejor presidenta, de la misma manera que mi querido amigo, mi hermano, Joe Biden, ha hecho de mí un mejor presidente. *[Aplausos.]*

Hillary tiene planes reales para afrontar las inquietudes que le habéis transmitido durante la campaña. Tiene ideas concretas para invertir en nuevos empleos, para ayudar a los trabajadores a disfrutar de los beneficios de sus empresas, para subvencionar guarderías y para que los estudiantes puedan cursar la universidad sin contraer una deuda desproporcionada. Eso es lo que hacen los representantes políticos. Y luego está Donald Trump. *[Abucheos del público.]*

Nada de abucheos. Hay que votar. *[Aplausos.]*

PÚBLICO: ¡Nada de abucheos! ¡Hay que votar! ¡Nada de abucheos! ¡Hay que votar!

EL PRESIDENTE: Permitidme que os diga que Donald no es un hombre con planes. *[Risas.]* De hecho, tampoco es un hombre de hechos. Se describe a sí mismo como un empresario, lo cual es cierto, pero dejadme que os diga que he conocido a muchos empresarios y empresarias que han alcanzado un éxito destacable sin dejar tras de sí un reguero de demandas judiciales, de trabajadores sin cobrar y de personas que se sienten estafadas. *[Aplausos.]*

¿Realmente alguien cree que un tipo que se ha pasado los setenta años que lleva en la Tierra sin mostrar consideración alguna por la clase obrera de repente se va a convertir en su adalid? ¿En su voz?

PÚBLICO: Nooo...

EL PRESIDENTE: Porque, si lo creéis, votadle. Pero si sois personas a quienes de verdad preocupa pagar las facturas, si de verdad os inquietan los asuntos financieros y queréis que la economía crezca y que todo el mundo disfrute de más oportunidades, entonces votarle a él es un sinsentido. *[Aplausos.]* Si queréis a alguien que ha luchado toda su vida por las mejoras salariales, por unas mejores subvenciones estatales y por un código impositivo más justo, alguien que ha combatido por dar más voz a los trabajadores y por imponer una regulación más férrea a Wall Street, entonces deberíais votar a Hillary Clinton. *[Aplausos.]*

Si os preocupa quién va a velar por vosotros y por vuestras familias en este mundo peligroso en el que vivimos, y es una preocupación razonable, entonces la elección aún está más clara. Hillary Clinton es una mujer respetada en todo el mundo no solo por los dirigentes políticos, sino por las ciudadanías a quienes representan.

Y quiero dejar algo claro. Fuera de los Estados Unidos, nadie entiende qué está pasando en estas elecciones. De verdad. Porque conocen a Hillary. La han visto trabajando. Hillary ha colaborado codo con codo con nuestros servicios de inteligencia, con nuestro cuerpo diplomático y con nuestro Ejército. Tiene el juicio, la experiencia y el temperamento para hacer frente a la amenaza del terrorismo. No es algo nuevo para ella. Nuestras tropas han golpeado a EEIL sin piedad, han liquidado a sus líderes y han reclamado territorio. *[Aplausos.]* Y sé que Hillary no desfallecerá hasta ver a EEIL destruido. Concluirá ese trabajo. *[Aplausos.]* Y lo hará sin recurrir a la tortura y sin prohibir a religiones enteras que entren en nuestro país. Es una persona preparada y está lista para ser la siguiente comandante en jefe del Ejército de los Estados Unidos. *[Aplausos.]*

Entre tanto, Donald Trump afirma que nuestro Ejército es un desastre. Al parecer, no conoce a los hombres y las mujeres que componen las fuerzas combatientes más poderosas que el mundo ha conocido nunca. *[Aplausos.]* Insinúa que los Estados Unidos son débiles. No debe de haber escuchado a los miles de millones de hombres, mujeres y niños que, desde los países bálticos hasta Birmania, siguen contemplando los Estados

Unidos como el faro de la libertad, la dignidad y los derechos humanos. *[Aplausos.]* Intima con Putin, ensalza a Sadam Husein y advierte a nuestros aliados en la OTAN, quienes nos brindaron su apoyo tras el 11-S, que deberán pagar si quieren nuestra protección.

Permitidme que os diga que las promesas de los Estados Unidos no vienen con una etiqueta de precio. Cumplimos nuestros compromisos. Soportamos nuestras cargas. *[Aplausos.]* Ese es uno de los motivos por el que casi todos los países de la Tierra ven en los Estados Unidos a una nación más fuerte y más respetada hoy que hace ocho años, cuando yo asumí la Presidencia. *[Aplausos.]*

Los Estados Unidos ya son un país grande. *[Aplausos.]* Estados Unidos es un país fuerte. *[Aplausos.]* Pero os prometo que nuestra grandeza y nuestra fortaleza no dependen de Donald Trump. *[Aplausos.]* De hecho, no dependen de nadie en concreto. Y, en última instancia, esa podría ser la diferencia esencial en estas elecciones: el significado de la democracia.

Ronald Reagan describió los Estados Unidos como «una ciudad resplandeciente en la cima de una colina». Donald Trump lo describe como «una escena del crimen dividida» que sólo él puede arreglar. No parece importarle que las tasas de inmigración ilegal y delincuencia sean más bajas de lo que han sido en décadas *[aplausos]*, porque en realidad él no ofrece soluciones reales a tales asuntos. Lo único que ofrece son eslóganes, y también ofrece miedo. Apuesta a que, si asusta a las suficientes personas, podría conseguir votos suficientes para ganar estas elecciones.

Y esa es otra apuesta que Donald Trump perderá. *[Aplausos.]* Y el motivo por el cual la perderá es porque subestima al pueblo estadounidense. No somos un pueblo frágil. No somos un pueblo asustadizo. Nuestra fuerza no estriba en un sedicente salvador que promete restaurar el orden por sí solo, siempre y cuando hagamos las cosas a su manera. No queremos que nos manden. *[Aplausos.]* Nuestra fuerza emana de esas declaraciones inmortales que se recogieron en papel por primera vez aquí, en Filadelfia, hace muchos años: «Sostenemos como evidentes estas verdades: que todos los hombres son creados iguales y que nosotros, el pueblo de los Estados Unidos, podemos formar una Unión más perfecta». *[Aplausos.]*

Esos somos nosotros. Ese es nuestro derecho de nacimiento: la capacidad de forjar nuestro destino. *[Aplausos.]* Eso fue lo que impulsó a los patriotas a elegir la revolución frente a la tiranía y a nuestros soldados a liberar un continente. Y eso fue también lo que insufló a las mujeres el valor de exigir el voto, a los manifestantes el coraje de atravesar aquel puente en Selma y a los trabajadores la determinación de organizarse y luchar por los convenios colectivos y por mejoras salariales. *[Aplausos.]*

Los Estados Unidos de América nunca se han guiado por lo que una persona afirme que puede hacer por nosotros, sino por lo que podemos conseguir juntos *[aplausos]*, mediante la labor ardua, lenta y en ocasiones frustrante, mas perdurable, del autogobierno.

Y eso es algo que Hillary Clinton entiende. Hillary sabe que el nuestro es un país grande y diverso. Lo ha visto. Ha viajado. Ha hablado con otros ciudadanos. Y entiende que la mayoría de los problemas no siempre son blancos o negros. Entiende que, cuando uno está seguro de algo al cien por cien, para obtener resultados es preciso comprometerse, y que la democracia no funciona si nos dedicamos a demonizarnos unos a otros de continuo. *[Aplausos.]* Sabe que, para que se dé progreso, tenemos que escucharnos mutuamente, vernos reflejados en el otro y luchar por nuestros principios, pero luchar también por el terreno común, por muy escurridizo que este pueda antojarse en ocasiones. *[Aplausos.]*

Hillary sabe que superaremos las divisiones raciales de este país cuando la preocupación que siente un padre negro cuando su hijo sale de casa no sea distinta de la que siente la familia de un valiente agente de policía cuando este se enfunda el uniforme y sale a trabajar; sabe que podemos respetar a la policía y tratar con justicia a todas las comunidades. *[Aplausos.]* Podemos hacerlo. Y sabe... sabe que reconocer los problemas que han permanecido enconados durante décadas no equivale a empeorar las relaciones entre las razas, sino a crear posibilidades para que las gentes de buena voluntad se sumen a la causa y la situación cambie a mejor. *[Aplausos.]*

Hillary sabe que podemos insistir en un sistema de inmigración legal y ordenado, y aun así contemplar a los esforzados estudiantes y a sus esforzados padres como familias que se quieren, no como delincuentes o violadores; y sabe que esas familias vinieron a este país por los mismos motivos que lo hicieron nuestros antepasados, para trabajar y estudiar y para forjarse una vida mejor en un lugar donde existen la libertad de expresión, de culto y de amor. Sabe que el sueño de esas personas es, en esencia, el sueño americano, y que el sueño americano es algo que ningún muro podrá contener. *[Aplausos.]* Hillary sabe todas estas cosas.

En ocasiones, este asunto de la democracia puede resultar frustrante. Creedme, lo sé bien. Y Hillary también lo sabe. Cuando la otra parte se niega a comprometerse, el progreso puede paralizarse. Y la inacción puede causar estragos. Puede apoderarse de los votantes una sensación de impaciencia y preocupación porque sus representantes no dedican el empeño suficiente, y puedes acabar transmitiendo la sensación de estar agotado. Pero os prometo que, si continuamos esforzándonos, si cambiamos nuestro modo de pensar y damos los votos suficientes, entonces el progreso viene por sí solo. Si dudáis de ello, preguntádselo a los veinte millones de personas más que hoy en día cuentan con asistencia sanitaria. *[Aplausos.]* O preguntádselo al marine que defiende con orgullo a su país sin ocultar al marido a quien ama. *[Aplausos.]*

América, la democracia funciona, pero hemos de quererla... no solo durante el año electoral, sino todos los días entre los comicios. *[Aplausos.]*

De manera que, si estáis de acuerdo en que todavía hay mucha desigualdad en nuestra economía y demasiado dinero invertido en política, lo único que tenéis que hacer es ser tan francos, organizados y persistentes como lo han sido los partidarios de Bernie Sanders durante estas elecciones. *[Aplausos.]* Todos tenemos que acudir a las urnas, votar a los demócratas y exigirles responsabilidad hasta que cumplan su cometido. *[Aplausos.]*

¡Eso es! ¡Ese es el espíritu de Bernie! *[Aplausos.]*

Si queréis un sistema judicial que imparta más justicia, tenéis que votar, y no sólo al presidente de la nación, sino a los alcaldes y *sheriffs*, a los fiscales del Estado y a los legisladores estatales. Porque ellos son quienes legislan el derecho penal. *[Aplausos.]* Y tenemos que colaborar con la policía y con los manifestantes hasta que se modifiquen las leyes y las prácticas. Así es como funciona la democracia. *[Aplausos.]*

Si queréis combatir el cambio climático, no solo tenéis que implicar a los jóvenes de los campus universitarios, sino ampliar vuestro ámbito de acción y llegar al minero del carbón a quien le preocupa mantener a su familia y a la madre soltera a quien inquietan los precios de la gasolina. *[Aplausos.]*

Si queréis proteger a nuestros hijos y a nuestros agentes de policía de la violencia de las armas, tenemos que conseguir que la inmensa mayoría de los estadounidenses, incluidos quienes poseen armas, se muestren tan vehementes en la defensa de aspectos como la comprobación de los antecedentes penales como el grupo de presión proarmas que impide el cambio a través de cada uno de los funerales que celebramos. Así es como se produce el cambio. *[Aplausos.]*

Escuchadme bien, Hillary ya se ha llevado su ración de crítica. La han caricaturizado tanto la derecha como algunos miembros de la izquierda. Se la ha acusado de todo lo imaginable... y también de cosas inimaginables. *[Risas.]* Pero nadie mejor que ella sabe qué sucede cuando uno pasa cuarenta años bajo el microscopio. Sabe que, en algunos momentos, en el transcurso de esos cuarenta años, ha cometido errores... tal como he hecho yo mismo y como hacemos todos. *[Aplausos.]* Porque eso es lo que sucede cuando uno intenta actuar. Eso es lo que sucede cuando se es el tipo de ciudadano que Teddy Roosevelt describió en una ocasión: no las almas timoratas que critican desde las bandas, sino alguien «que salta al ruedo *[...]*, que lucha con valentía *[...]*, que se equivoca *[...]*, pero que, con suerte, al final conoce el triunfo de los grandes logros». *[Aplausos.]*

Hillary Clinton es esa mujer en el ruedo. *[Aplausos.]* Siempre ha estado ahí para nosotros, aunque no siempre hayamos sido conscientes de ello. Y si de verdad os importa nuestra democracia, no podéis permitiros quedaros en casa solo porque Hillary no se ajuste exactamente a vuestros preceptos en todos los asuntos. Tenéis que saltar al ruedo con ella, porque la democracia no es un deporte de espectadores. *[Aplausos.]* En los Estados Unidos no nos mueve un «sí, él puede hacerlo», sino el «sí se puede». *[Aplausos.]* Y este otoño vamos a acompañar a Hillary a la victoria porque es lo que exige el momento. *[Aplausos.]*

PÚBLICO: ¡Sí se puede! ¡Sí se puede! ¡Sí se puede!

EL PRESIDENTE: Sí se puede. No «sí, ella puede». No «sí, yo puedo». «Sí se puede.» «Sí podemos.» *[Aplausos.]*

A lo largo de esta campaña se ha hablado mucho de lo que los Estados Unidos han perdido, han aparecido personas que aseguran que nuestro modo de vida está siendo socavado por cambios malignos y por fuerzas oscuras que escapan a nuestro control. Venden a los votantes que existe una «América real» a la espera de ser restaurada. Por cierto, esto no es una idea que se le haya ocurrido a Donald Trump. Hay políticos que la llevan diseminando durante largo tiempo..., probablemente desde el nacimiento de nuestra república.

Y eso me ha hecho pensar en la historia que os conté hace doce años acerca de mis abuelos de Kansas y de lo que me enseñaron mientras crecía. *[Aplausos.]* Mis abuelos procedían de la zona central del país. Sus ancestros se asentaron allí hace unos doscientos años. No sé si sus certificados de nacimiento existen *[risas]*, pero allí estaban. Los habitantes de aquella zona eran, en su mayoría, irlandeses y escoceses, granjeros, maestros, vaqueros y labriegos, farmacéuticos y trabajadores de plataformas petrolíferas. Personas resistentes de pequeñas poblaciones. Había algunos demócratas, pero muchos, quizá incluso la mayoría de ellos, eran republicanos. Partidarios de Lincoln.

Mis abuelos explicaban que a las gentes de aquellos lares no les gustaban los engreídos. No sentían admiración por los fanfarrones ni por los abusones. No respetaban a las personas pobres de espíritu ni a quienes siempre buscaban atajos para prosperar en la vida. En su lugar, lo que valoraban eran rasgos como la honestidad y el trabajo duro, la amabilidad, la gentileza, la humildad, la responsabilidad y el altruismo. Eso era en lo que creían. Valores auténticos. Valores que perduran. Los mismos valores que intentamos inculcar a nuestros hijos.

Y lo que mis abuelos entendieron es que esos valores no se circunscribían a Kansas, que no se limitaban a las pequeñas poblaciones, sino que podían viajar hasta Hawái. *[Aplausos.]* Podían viajar incluso hasta la otra punta del mundo, donde mi madre acabaría ayudando a mujeres pobres a conseguir una vida mejor, intentando aplicar esos mismos valores. Mis abuelos sabían que esos valores no estaban reservados a una raza. Podían transmitirse a un nieto con sangre keniata o a una nieta con sangre asiática. De hecho, fueron los mismos valores que los padres de Michelle, descendientes de esclavos, inculcaron a sus hijos, mientras vivían en un bungaló en la cara sur de Chicago. *[Aplausos.]* Sabían que esos valores eran exactamente los que atraía a la inmigración a este país y consideraban que los hijos de esos inmigrantes eran tan estadounidenses como los suyos propios, ya llevaran un sombrero de vaquero o una kipá, una gorra de béisbol o un hiyab. *[Aplausos.]*

Los Estados Unidos de América han cambiado con el transcurso de los años. Pero estos valores que mis abuelos me inculcaron han permanecido inmutables. Son tan sólidos como siempre, apreciados por personas de todos los partidos, de todas las razas y de todas las religiones. Perviven en cada uno de nosotros. Lo que nos hace estadounidenses, lo que nos hace patriotas es lo que hay aquí. Eso es lo que importa. *[Aplausos.]*

Y por eso somos capaces de adoptar la comida, la música, las vacaciones y los estilos de otros países y combinarlos para convertirlo en algo nuestro y único. Por eso atraemos a luchadores y empresarios de todo el planeta, quienes instalan nuevas fábricas y crean nuevas industrias aquí. Por eso nuestro Ejército luce ese aspecto, con todos los tonos de humanidad fraguados en un servicio común. *[Aplausos.]* Por eso cualquiera que amenaza nuestros valores, ya sean fascistas, comunistas, yihadistas o demagogos autóctonos, al final acabará fracasando. *[Aplausos.]*

Eso son los Estados Unidos de América. Esa es América. Esos lazos de afecto, ese credo común. No tememos al futuro, sino que le damos forma. Lo recibimos con los brazos abiertos, como un solo pueblo, pues somos más fuertes juntos que por separado. Eso es lo que Hillary Clinton entiende, esta luchadora, esta estadista, esta madre y abuela, esta funcionaria pública, esta patriota, esos son los Estados Unidos de América por los que lucha. *[Aplausos.]*

Por eso esta noche, al abandonar este escenario, estoy convencido de que el Partido Demócrata se encuentra en buenas manos. Durante los años que he desempeñado el cargo, no lo he arreglado todo. Por mucho que hayamos hecho, aún queda mucho por hacer. Pero pese a todas las lecciones duras que he tenido que aprender, y pese a todo lo que no he conseguido, tal como le he dicho a Hillary y como ahora os diré a vosotros, lo que siempre me ha mantenido a flote habéis sido vosotros, el pueblo estadounidense. *[Aplausos.]*

La carta que tengo colgada en la pared de un superviviente de Ohio que estuvo a punto de perderlo todo en dos ocasiones a causa del cáncer, pero que, aun así, me instaba a seguir luchando por la reforma del sistema sanitario incluso cuando la batalla parecía perdida. No te rindas.

El dibujo que cuelga en mi despacho privado de un búho verde con grandes ojos y alas azules realizado por una niña de siete años que nos dejó en la matanza de Newtown y que sus padres me entregaron para que no olvidara lo sucedido, un recordatorio de todos esos padres que han convertido su pesar en acción. *[Aplausos.]*

El pequeño propietario de un negocio en Colorado que se redujo al máximo su propio salario para no tener que despedir a ninguno de sus empleados durante la recesión, porque, afirmaba, «hacerlo no se correspondería con el espíritu de América».

O el conservador en Texas que me dijo que estaba en desacuerdo conmigo en todo, pero que apreciaba que, como él, intente ser un buen padre. *[Aplausos.]*

El valor del joven soldado de Arizona que estuvo a punto de morir en un campo de batalla en Afganistán pero que ha aprendido a hablar y a caminar de nuevo... y que hace un tiempo, este mismo año, atravesó las puertas del Despacho Oval por sí solo para saludarme con un apretón de manos. *[Aplausos.]*

Y todos y cada uno de los estadounidenses que creyeron que podíamos cambiar este país a mejor, tantos de vosotros que nunca os habíais involucrado en política y que asisteis vuestros teléfonos, salisteis a las calles y utilizasteis Internet de maneras asombrosas y nuevas que yo no acababa de entender del todo, pero que posibilitaron el cambio. Vosotros sois los mejores organizadores del planeta, y me siento orgulloso de todos los cambios que habéis hecho posibles. *[Aplausos.]*

Una y otra vez, me habéis conquistado. Y yo espero haberos conquistado también en alguna ocasión. *[Aplausos.]* Esta noche quiero pediros que hagáis por Hillary Clinton lo que hicisteis por mí. *[Aplausos.]* Os pido que la acompañéis tal como me acompañasteis a mí. Porque vosotros sois las personas de quienes hablaba hace doce años cuando hablaba de esperanza. Fuisteis vosotros quienes espoleasteis mi fe inquebrantable en nuestro futuro, incluso cuando las circunstancias estaban de nuestro lado, incluso cuando nos queda por delante un largo camino. Esperanza frente a las dificultades. Esperanza frente a la incertidumbre. La audacia de la esperanza. *[Aplausos.]*

Los Estados Unidos han reivindicado esa esperanza durante los pasados ocho años. Y ahora estoy listo para pasar el testigo y cumplir mi labor como ciudadano corriente. De manera que este año, en estas elecciones, os pido que os unáis a mí en el rechazo al cinismo y al miedo y que invoquéis todo lo bueno que tenemos, que invistáis a Hillary Clinton como la próxima presidenta de los Estados Unidos y que demostréis al mundo que aún creemos en la promesa de esta gran nación. *[Aplausos.]*

Gracias por este viaje tan increíble. Prosigamos la marcha. Que Dios os bendiga. Que Dios bendiga a los Estados Unidos de América. *[Aplausos.]*

20 de septiembre de 2016

DISCURSO DEL PRESIDENTE OBAMA EN LA LXXI SESIÓN DE LA ASAMBLEA GENERAL DE LAS NACIONES UNIDAS

Sede de las Naciones Unidas
Nueva York, Nueva York

PRESIDENTE OBAMA: Presidente, secretario general, delegados, damas y caballeros: me gustaría aprovechar el último discurso que pronunciaré como presidente de los Estados Unidos en esta sala para hacer un repaso de los avances que hemos realizado en los pasados ocho años.

Sumidos en el abismo de la mayor crisis financiera de nuestro tiempo, coordinamos nuestra reacción para evitar una catástrofe de mayores dimensiones y reencauzar la economía por la senda del crecimiento. Hemos desbaratado refugios seguros de terroristas, hemos fortalecido el acuerdo de no proliferación y hemos resuelto el problema nuclear iraní mediante la diplomacia. Entablamos relaciones con Cuba, ayudamos a Colombia a poner fin a la guerra más larga de Latinoamérica y dimos la bienvenida a esta Asamblea al mandatario de Birmania elegido democráticamente. Con nuestra asistencia, más personas consiguen su propio sustento y cuidan de sus ancianos, y hemos empoderado a comunidades de toda África, promoviendo modelos de desarrollo en lugar de modelos de dependencia. Asimismo, hemos logrado que instituciones internacionales como el Banco Mundial y el Fondo Monetario Internacional sean más representativas, al tiempo que hemos definido un marco estable para proteger el planeta de los estragos del cambio climático.

Es una labor importante. Ha comportado cambios reales en las vidas de nuestras poblaciones. Y no podría haberse acometido de no haber trabajado en colaboración. Pese a ello, comprobamos que en todo el mundo las mismas fuerzas de la integración mundial que nos han hecho interdependientes también hacen aflorar profundas líneas divisorias en el orden internacional existente.

Lo vemos en los titulares de la prensa cada día. En todo el planeta, los refugiados cruzan fronteras huyendo de conflictos atroces. Los problemas financieron continúan pesando sobre nuestros trabajadores y nuestras comunidades en su conjunto. En vastas extensiones de Oriente Medio, la seguridad y el orden fundamentales se han desintegrado. Comprobamos cómo muchos Gobiernos amordazan a periodistas, aplastan a la disidencia y censuran la transmisión de información. Los grupos terroristas emplean las redes sociales para seducir las mentes de nuestra juventud, poniendo con ello en peligro a las sociedades abiertas y espoleando la ira contra musulmanes e inmigrantes inocentes. Países poderosos impugnan las limitaciones que les impone la legislación internacional.

Tal es la paradoja que define el mundo actual. Transcurrido un cuarto de siglo desde el final de la guerra fría, el mundo es, en muchos aspectos, menos violento y más próspero de lo que lo ha sido nunca y, sin embargo, nuestras sociedades rezuman incertidumbre, intranquilidad y conflictos. Pese al enorme progreso, a medida que las personas han ido perdiendo la confianza en las instituciones, gobernar se ha vuelto más complicado y las tensiones entre los países tardan menos en aflorar.

Por ello creo que ha llegado el momento de tomar una decisión. Podemos escoger seguir presionando para conseguir un modelo mejor de cooperación e integración o podemos retirarnos a un mundo profundamente dividido por las líneas antiguas de país, tribu, raza y religión, un mundo, en última instancia, sumido en el conflicto.

Hoy quiero proponerles que sigamos avanzando, en lugar de retroceder. Creo que, por imperfectos que sean, los principios de los mercados liberales y de la gobernanza responsable, de la democracia, de los derechos humanos y de la ley internacional que hemos forjado continúan siendo los cimientos más sólidos para el progreso humano en este siglo. Y lo afirmo no basándome en ninguna teoría o ideología, sino en los hechos, hechos que, con excesiva frecuencia, olvidamos ante la inmediatez de los acontecimientos actuales.

He aquí el hecho más relevante: la integración de la economía mundial ha comportado que miles de millones de hombres, mujeres y niños disfruten de una vida mejor. En el transcurso de los últimos veinticinco años, la cifra de personas que viven en la pobreza extrema se ha recortado de en torno al cuarenta por ciento de la humanidad a menos de un diez por ciento. Y eso es un hecho sin precedentes. No se trata de ninguna abstracción. Significa que hay más niños que tienen comida suficiente y que las madres no fallecen al dar a luz.

Entre tanto, la descodificación del código genético promete curar enfermedades que nos han atormentado durante siglos e Internet puede proporcionar la totalidad del conocimiento humano a una joven en una población remota mediante un único dispositivo manual. Tanto en la medicina como en la fabricación, tanto en la educación como en las comunicaciones, estamos experimentando una transformación de la vida de los seres humanos a una escala que recuerda a las revoluciones agrícola e industrial. A resultas de ello, una persona nacida hoy tiene más probabilidades de vivir con salud una vida más longeva y de disfrutar de más oportunidades que en ningún otro momento de la historia humana.

Es más, el colapso del colonialismo y el comunismo ha otorgado a más personas la libertad de escoger a sus representantes. Y si bien todavía existen zonas reales y conflictivas donde la libertad parece estar en retroceso, el hecho es que el número de democracias en todo el mundo prácticamente se ha duplicado en los últimos veinticinco años.

En rincones remotos del planeta, la ciudadanía exige respeto a la dignidad de todas las personas, independientemente de su sexo, raza, religión, discapacidad u orientación sexual, y quienes niegan al prójimo esa dignidad son objeto de reprobación pública. El estallido de las redes sociales ha concedido a las personas corrientes nuevas maneras de expresarse y ha elevado las expectativas que las poblaciones depositan en quienes ostentamos el poder. De hecho, el orden internacional existente se ha impuesto con tal rotundidad que damos por supuesto que las grandes potencias ya no libran guerras mundiales, que el fin de la guerra fría despejó la sombra de un Armagedón nuclear, que los campos de batalla de Europa se han reemplazado por una unión pacífica, y que la China y la India transitan por un camino de un crecimiento sobresaliente.

No pretendo con todo ello encubrir los desafíos que afrontamos ni invitar a la autocomplacencia, pero creo que debemos reconocer estos logros para poder emplazar la confianza de continuar avanzando y asegurarnos de no abandonar las bondades que ha traído el progreso.

Ahora bien, para continuar avanzando, también debemos aceptar que la senda hacia la integración mundial actual exige una corrección de rumbo. Como suele ocurrir con excesiva frecuencia, quienes anuncian a bombo y platillo los beneficios de la globalización pasan por alto la desigualdad existente tanto en el seno de los países como entre estos, desatienden el atractivo imperecedero de las identidades étnicas y sectáreas, y han dejado las instituciones internacionales mal equipadas, infrafinanciadas y con recursos limitados para poder gestionar los desafíos transnacionales.

Y mientras estos problemas reales se desatendían, concepciones alternativas del mundo se abrían camino tanto en los países más ricos como en los más pobres. Me refiero al fundamentalismo religioso; a la política de la etnia, tribu o secta; al nacionalismo agresivo, y a un populismo grosero, en ocasiones procedente de la extrema izquierda, pero más habitualmente de la extrema derecha, el cual pretende restaurar lo que considera que fue un tiempo mejor y más sencillo, ajeno a la contaminación exterior.

No podemos descartar estas concepciones. Son poderosas. Reflejan la insatisfacción entre demasiados de nuestros ciudadanos. No creo que sean capaces de proporcionar seguridad ni prosperidad a largo plazo. Es más, opino que todas ellas fallan en su incapacidad para reconocer, en un nivel muy básico, nuestra humanidad común. Y considero que la aceleración de los viajes, la tecnología y las telecomunicaciones, junto con una economía internacional que depende de una cadena de suministros mundial, hace que las propuestas de quienes buscan revertir este progreso acaben antojándose contraproducentes. En la actualidad, un país amurallado no haría sino encarcelarse a sí mismo.

Por consiguiente, la respuesta no puede ser un simple rechazo de la integración mundial. En su lugar, debemos colaborar para garantizar que los beneficios de tal integración se compartan ampliamente y que las perturbaciones ocasionadas por dicha integración, ya sean de índole económica, política o cultural, se aborden de frente. Este no es el lugar para proponer un plan de acción política detallado, pero permítanme dar unas cuantas pinceladas acerca de los aspectos que considero que deberíamos mejorar en colaboración.

Para empezar, hemos de conseguir que la economía global repercuta mejor en todas las personas, y no solo en las privilegiadas. Si bien el capitalismo del libre mercado ha aumentado el nivel de vida en todo el planeta, la globalización combinada con el rápido progreso y las tecnologías también ha socavado la posición de los trabajadores y su capacidad de obtener un salario digno. En las economías avanzadas, como la de mi país, los sindicatos han quedado debilitados y muchos empleos en el sector de las manufacturas han desaparecido. Con frecuencia, quienes más se benefician de la globalización han utilizado su influencia política para minar aún más la posición de los trabajadores.

En los países en desarrollo, las organizaciones laborales a menudo se han suprimido y se ha obstaculizado el crecimiento de la clase media a causa de la corrupción y la falta de inversiones. Las políticas mercantilistas aplicadas por Gobiernos con modelos basados en la exportación amenazan con socavar el consenso que apuntala el comercio mundial. Y, entre tanto, con excesiva frecuencia el capital global no rinde cuentas y cerca de ocho mil billones de dólares permanecen ocultos en paraísos fiscales, un sistema bancario a la sombra que se expande de tal modo que resulta imposible controlarlo con eficacia.

Un mundo en el que el uno por ciento de la humanidad condensa tanta riqueza como el noventa y nueve por ciento restante nunca será estable. Sé perfectamente que las brechas entre los ricos y los pobres no son nuevas, pero de la misma manera que en la actualidad un niño de un barrio pobre puede ver los rascacielos de los barrios cercanos, la tecnología permite a cualquier persona con un *smartphone* comprobar cómo viven los más privilegiados de entre nosotros y contrastar sus propias vidas con las de otras personas. Y así, las expectativas crecen más aceleradamente de lo que los Gobiernos pueden gestionar y se extiende un sentimiento generalizado de injusticia que debilita la fe de las personas en el sistema.

¿Cómo podemos solventar este desequilibrio? Es imposible desenmarañar la integración, de la misma manera que es imposible volver a meter la tecnología en una caja. Y tampoco podemos buscar inspiración en los modelos fallidos del pasado. Si recurrimos a guerras comerciales, a subsidios distorsionadores del mercado, a políticas para empobrecer al vecino o a una dependencia excesiva de los recursos naturales en lugar de a la innovación, todos estos planteamientos nos harán más pobres de manera colectiva y probablemente desemboquen en conflictos. El marcado contraste entre, por citar un ejemplo, el progreso de la República de Corea y el páramo de Corea del Norte demuestra que el control centralizado y planificado de la economía es un callejón sin salida.

Ahora bien, yo creo que existe otro camino, un camino que espolea el crecimiento y la innovación y que ofrece la ruta más despejada hacia la oportunidad individual y el éxito nacional. No exige sucumbir a un capitalismo despiadado que solo beneficia a unos pocos, sino que, en su lugar, reconoce que las economías progresan más cuando se cierra la brecha entre ricos y pobres y el desarrollo cuenta con una base ancha. Y eso implica respetar los derechos de los trabajadores para que puedan organizarse en sindicatos independientes y cobrar un salario digno. Implica invertir en nuestras poblaciones, en sus habilidades, en su educación y en su capacidad para transformar una idea en un negocio. Conlleva reforzar la red de seguridad que protege a nuestras poblaciones de las adversidades y les permite asumir más riesgos, como buscar un nuevo empleo o poner en marcha una nueva empresa.

Esas son las políticas que yo he aplicado en los Estados Unidos, y los resultados hablan por sí solos. El sector empresarial estadounidense ha creado quince millones de puestos de trabajo nuevos. Tras la recesión, el uno por ciento privilegiado de los estadounidenses condensaba más del noventa por ciento de nuestro incremento de los ingresos. En la actualidad, ese porcentaje ha decrecido prácticamente a la mitad. El año pasado, la pobreza en los Estados Unidos se redujo al ritmo más acelerado de los últimos cincuenta años. Y con inversiones adicionales en infraestructuras, educación en la primera infancia e investigación básica, estoy convencido de que dicho progreso continuará.

Además de aplicar estas medidas internamente, los Estados Unidos han colaborado con muchos países para contener los excesos del capitalismo, no con el fin de castigar la riqueza, sino de evitar crisis reiteradas que puedan destruirla. Por eso hemos colaborado con otros países en el establecimiento de controles más severos y claros tanto a la banca como a la fiscalidad, porque una sociedad que pide menos a los oligarcas que a los ciudadanos corrientes acabará pudriéndose por dentro. Por eso hemos propugnado la transparencia y la cooperación con el objetivo de desarraigar la corrupción y rastrear los dólares ilegales, porque los mercados crean más empleo cuando los nutre el trabajo duro, y no la capacidad de extorsión y soborno. Por eso también nos hemos esforzado por alcanzar acuerdos comerciales que elevan los estándares laborales y ambientales, tal como hemos hecho con el Acuerdo Estratégico Trans-Pacífico de Asociación Económica o TTP, para que los beneficios se distribuyan de manera más generalizada.

Independientemente de las ventajas palpables de combatir la desigualdad en nuestros países, opino que las economías avanzadas debemos seguir esforzándonos por cerrar la brecha entre los países ricos y pobres del planeta. Se trata de un tema políticamente difícil de abordar. Es difícil invertir capital en ayuda exterior. Pero yo no lo considero caridad. Por una pequeña fracción de lo que nos gastamos en la guerra de Irak, podríamos respaldar instituciones para que los Estados frágiles no se colapsen de manera prematura e invertir en economías emergentes que se conviertan en mercados para nuestros propios artículos. No solo se trata de actuar con corrección, sino de actuar con inteligencia.

Por eso debemos perseverar en nuestros esfuerzos por combatir el cambio climático. Si no actuamos con audacia, la factura que podríamos pagar serían migraciones masivas, ciudades sumergidas y países desplazados, provisiones alimenticias diezmadas y conflictos surgidos de la desesperación. El Acuerdo de París nos proporciona un marco de actuación, pero solo si incrementamos nuestras ambiciones. Además, debe percibirse la urgencia de que dicho acuerdo entre en vigor cuanto antes y de ayudar a los países más pobres a dejar atrás las formas energéticas destructivas.

Para los países más ricos, el Fondo Verde para el Clima no debería ser más que el principio. Debemos invertir en investigación e incentivar a los mercados a desarrollar nuevas tecnologías, para, a continuación, hacer que dichas tecnologías resulten accesibles y asequibles a los países más pobres. Solo entonces podremos continuar sacando a todas las personas de la pobreza sin condenar a nuestros hijos a un planeta irreparable.

Necesitamos nuevos modelos de mercados globales, modelos inclusivos y sostenibles. Y también precisamos modelos de gobernanza inclusivos y responsables con los ciudadanos corrientes.

Soy consciente de que no todos los países reunidos en este auditorio aplicarán el mismo modelo de gobernanza. No creo que un estadounidense pueda (ni deba) imponer nuestro sistema de gobierno a otros países. Ahora bien, en la actualidad vivimos un enfrentamiento creciente entre el autoritarismo y el liberalismo, y me gustaría dejar claro que, en esa lucha, yo no soy neutral. Yo creo en un orden político liberal, un orden construido no solo en base a elecciones y un gobierno representativo, sino también a base del respeto de los derechos humanos y la sociedad civil, con un poder judicial independiente y donde impere la ley.

Sé que algunos países, países que no reconocen la fuerza del libre mercado, siguen rechazando el modelo de las sociedades libres. Y es posible que quienes defendemos la democracia nos sintamos ligeramente desalentados desde el final de la guerra fría, pues hemos comprobado que la democracia liberal no ha barrido el mundo de un plumazo. Resulta que construir instituciones responsables es una tarea ardua, la labor de varias generaciones. A menudo, los beneficios son frágiles. En ocasiones damos un paso adelante y dos atrás. En los países unidos por fronteras dibujadas por las potencias coloniales, con enclaves étnicos y divisiones tribales, en ocasiones los políticos y las elecciones pueden antojarse un juego de suma cero. Por eso no sorprende que, ante la dificultad de forjar una auténtica democracia bajo estas presiones, algunos defiendan que el futuro favorece a los autócratas, a un modelo jerárquico, en lugar de a instituciones democráticas robustas.

No obstante, opino que se trata de una idea equivocada. Creo que el camino hacia la democracia real sigue siendo un camino mejor. Creo que, en el siglo XXI, cuando las economías alcanzan un cierto nivel, necesitan abrirse, porque los empresarios necesitan acceder a la información para inventar, la juventud necesita una educación global para prosperar y los medios de comunicación independientes necesitan constatar los abusos del poder. Sin esta evolución, las expectativas de las personas acabarán por no verse satisfechas y se instalarán la represión y el estancamiento. Y la historia nos demuestra que, entonces, los dictadores afrontan una disyuntiva: adoptar medidas enérgicas permanentes, cosa que provoca el descontento interno, o utilizar como chivos expiatorios a enemigos en el extranjero, lo cual puede desencadenar una guerra.

Con todo, confieso que mi convicción de que los Gobiernos existen para servir a las personas y no a la inversa está moldeada por la historia de los Estados Unidos. Nuestro país nació con una promesa de libertad que se aplicaba solo a unos cuantos. Sin embargo, gracias a nuestra Constitución democrática, a nuestra Carta de Derechos y a nuestros ideales, las personas corrientes pudieron organizarse, manifestarse y protestar y, finalmente, dichos ideales se impusieron y abrieron puertas a las mujeres, a las minorías y a los trabajadores que hicieron nuestra economía más productiva y transformaron nuestra diversidad en una fortaleza, puertas que brindaron a los innovadores la posibilidad de transformar todos los ámbitos de las actividades humanas y que posibilitaron que alguien como yo fuera elegido presidente de los Estados Unidos.

De modo que, en efecto, mis ideas están moldeadas por las experiencias específicas de los Estados Unidos, pero no creo que esta historia sea exclusiva de mi país. Basta con observar la transformación que han experimentado países tan dispares como Japón, Chile, Indonesia o Botsuana. Los países que han logrado cambiar son aquellos en los que las poblaciones tienen un papel participativo.

En Europa, el progreso de los países que formaban parte del antiguo bloque soviético y que adoptaron la democracia contrasta marcadamente con el de los que no lo hicieron. De hecho, el pueblo ucraniano no tomó las calles espoleado por ningún complot impuesto desde el extranjero, sino que lo hizo porque sus representantes políticos se vendieron al mejor postor y no tuvo más remedio. Los ucranianos exigieron un cambio porque contemplaban cómo mejoraban las vidas de las poblaciones de los países bálticos y de Polonia, sociedades más liberales, democráticas y abiertas que la suya.

Por ello, quienes creemos en la democracia debemos expresarnos con rotundidad, porque tanto los hechos como la historia, creo yo, están de nuestro bando. Ello no significa que las democracias no tengan defectos. Significa que la cura de las enfermedades de nuestras democracias pasa por una mayor implicación de la ciudadanía, ni más ni menos.

Es cierto que en los Estados Unidos la política baraja mucho dinero y que hay demasiado partidismo atrincherado y una participación ciudadana excesivamente limitada, en parte a causa de la amalgama de leyes que dificulta el acceso al voto de la ciudadanía. En Europa, una Bruselas bien intencionada a menudo ha quedado aislada por las políticas habituales del tira y afloja. Con excesiva frecuencia, en las capitales, los responsables políticos han olvidado que la democracia debe estar impulsada por la implicación civil de abajo arriba, no por la gobernanza de expertos de arriba abajo. Todos estos son problemas reales y, como dirigentes de Gobiernos democráticos que defienden la democracia en el extranjero, debemos esforzarnos más por dar un mejor ejemplo en nuestros países.

Cada país organizará su Gobierno sobre la base de siglos de historia, de sus circunstancias geográficas y las creencias profundamente arraigadas en su población. En este sentido, soy consciente de que una sociedad tradicional puede valorar la unidad y la cohesión más que un país diverso como el mío, cimentado sobre lo que a la sazón era una idea radical: la idea de que todos los seres humanos nacen libres y con determinados derechos otorgados por Dios. Pero eso no significa que las personas corrientes de Asia, África u Oriente Medio prefieran un Gobierno arbitrario que les niega la participación en decisiones que dan forma a sus vidas. Creo que ese espíritu es universal. Y si albergan alguna duda de la universalidad de ese anhelo, escuchen las voces de las juventudes de todo el mundo o que reclaman libertad, dignidad y la oportunidad de controlar sus propias vidas.

Y esto me lleva a la tercera cosa que debemos hacer: debemos rechazar toda índole de fundamentalismo, de racismo o de creencia en la superioridad étnica que haga nuestras identidades tradicionales irreconciliables con la modernidad. En su lugar, debemos adoptar la tolerancia resultante del respeto a todos los seres humanos.

La idea de que la integración mundial ha conducido a un choque de culturas es una perogrullada. El comercio, las migraciones e Internet, todo ello puede desafiar y desestabilizar nuestras identidades más preciadas. Vemos sociedades liberales oponerse cuando las mujeres deciden cubrirse. Vemos manifestaciones en respuesta a viñetas publicadas en un diario occidental que caricaturizan al profeta Mahoma. En un mundo que ha dejado atrás la época imperial, vemos a Rusia intentando recuperar la gloria de antaño mediante la fuerza. Las potencias asiáticas se enfrentan por discrepancias históricas. Y en Europa y en los Estados Unidos, vemos poblaciones lidiar con la inquietud que les generan la inmigración y los cambios demográficos e insinuar que las personas distintas a ellas corrompen la esencia de nuestros países.

No existe una respuesta fácil a todas estas fuerzas sociales y debemos respetar el significado que las personas atribuyen a sus tradiciones, a su religión, a su etnia y a su idea de nación. Pero creo que no es posible progresar si el deseo de conservar nuestras identidades cede terreno al impulso de deshumanizar o dominar a otro grupo. Si nuestra religión nos conduce a perseguir a las personas de otra fe, si encarcelamos o apalizamos a homosexuales, si nuestras tradiciones nos llevan a impedir que las niñas sean escolarizadas, si discriminamos con base en la raza, la tribu o la etnia, entonces los frágiles lazos de la civilización se deshilacharán. El mundo es demasiado pequeño y estamos demasiado hacinados para poder revertir a modos de pensamiento antiguos.

Somos testigos de esta mentalidad en muchas regiones de Oriente Medio. Allí, gran parte del colapso del orden se ha debido a que los dirigentes buscaban la legitimidad no mediante políticas o programas, sino recurriendo a la persecución de la oposición política, demonizando a otras religiones o reduciendo el espacio público de la mezquita, mientras que en demasiados lugares se toleraban las perversiones de una gran fe. Estas fuerzas han ido acrecentándose a lo largo de los años y ahora alimentan la trágica guerra civil de Siria y la amenaza medieval y sin sentido de EEIL.

La mentalidad del sectarismo, del extremismo, de las masacres y del castigo divino que ha ido propagándose no será fácil de revertir. Y, si somos sinceros, entenderemos que ninguna fuerza externa será capaz de obligar a distintas comunidades religiosas o étnicas a convivir a largo plazo. Sin embargo, creo que debemos ser honestos con respecto a la naturaleza de estos conflictos y que la comunidad internacional debe continuar apoyando a quienes buscan construir, en lugar de destruir.

Dicho apoyo tiene un componente militar. Nos obliga a permanecer unidos y ser implacables en la destrucción de redes como EEIL, que no demuestran respeto alguno por la vida humana. Pero, en un lugar como Siria, donde no existe una victoria militar última que alcanzar, también nos obliga a avanzar por la ardua senda de la diplomacia para intentar detener la violencia, proporcionar ayuda a los necesitados y apoyar a quienes persiguen un acuerdo político y son capaces de contemplar a quienes no son como ellos como personas merecedoras de dignidad y respeto.

En todos los conflictos de la región, debemos insistir en que todos los partidos reconozcan la humanidad común y en que los países pongan fin a guerras por el poder que conllevan el desorden. Porque, hasta que no se resuelvan aspectos básicos relacionados con la convivencia de las comunidades, las ascuas del extremismo continuarán ardiendo e incontables seres humanos sufrirán, y, si bien la mayoría de ellos lo harán en esa región, el extremismo continuará exportándose al extranjero. El mundo es demasiado pequeño para que construyamos un muro e impidamos que todo ello afecte a nuestras sociedades.

Ahora bien, lo que se aplica a Oriente Medio es extensible a todos nosotros. Sin duda, es posible honrar y dar continuidad a las tradiciones religiosas al tiempo que se enseña a los jóvenes ciencia y matemáticas, en lugar de intolerancia. Y es posible preservar nuestras tradiciones únicas a la par que concedemos a las mujeres el papel pleno al cual tienen derecho en los ámbitos de la política y la economía de un país. Es posible movilizar a nuestros países para que sean solidarios al tiempo que damos un trato igual a todas las comunidades, ya se trate de una minoría religiosa en Birmania, de una minoría étnica en Burundi o de una minoría racial en los Estados Unidos. Y, sin duda, los israelíes y los palestinos se llevarían mejor si los palestinos rechazaran las provocaciones y reconocieran la legitimidad de Israel, e Israel aceptara que no puede ocupar y asentarse de manera permanente en territorio palestino. En tanto que líderes políticos, todos nosotros debemos esforzarnos más en aplacar, en lugar de alentar, una noción de identidad que nos lleva a menospreciar al prójimo.

Y ello me lleva a la cuarta y última cosa que debemos hacer: mantener nuestro compromiso con la cooperación internacional arraigado en los derechos y las responsabilidades de los países.

En tanto que presidente de los Estados Unidos, sé que, durante gran parte de la historia de la humanidad, el poder no ha sido unipolar. El final de la guerra fría puede haber conducido a demasiadas personas a olvidar este hecho. En tanto que presidente, he percibido que en ocasiones tanto los adversarios de los Estados Unidos como algunos de nuestros aliados creen que todos los problemas, o bien los ha causado Washington, o bien podría solucionarlos Washington... y posiblemente demasiadas personas en Washington también lo hayan creído. *[Risas.]* Pero yo creo que los Estados Unidos han sido una superpotencia inusitada en la historia de la humanidad, en el sentido de que se han mostrado dispuestos a pensar más allá de su propio interés, a ampliar horizontes, y en el sentido de que, si bien hemos cometido errores en el transcurso de los últimos veinticinco años, y reconozco algunos de ellos, también hemos luchado, en ocasiones con gran sacrificio, para alinear mejor nuestras acciones con nuestros ideales. Por ello considero que hemos sido una fuerza del bien.

Nos hemos granjeado el apoyo de aliados. Hemos acometido medidas para proteger a los vulnerables. Hemos defendido los derechos humanos y hemos aceptado que nuestras acciones se sometieran a escrutinio. Hemos vinculado nuestro poder a la legislación y las instituciones internacionales. Y cuando hemos cometido errores, hemos intentado reconocerlos. Nos hemos esforzado por reducir la pobreza, el hambre y las enfermedades no solo en nuestro país, sino también allende nuestras fronteras.

Y estoy orgulloso de ello. Pero sé que no podemos hacerlo solos. Y creo que, si queremos superar los desafíos de este siglo, vamos a tener que esforzarnos más por ampliar la capacidad internacional. No podremos eludir la perspectiva de una guerra nuclear a menos que todos nos comprometamos a abandonar la proliferación de las armas nucleares y apostemos por un mundo donde no existan.

Cuando Irán accede a aceptar limitaciones a su programa nuclear, ello mejora la seguridad mundial y potencia la capacidad de Irán de colaborar con otros países. En cambio, cuando Corea del Norte realiza un ensayo con una bomba, nos pone en peligro a todos. Cualquier país que quebrante este acuerdo básico debe afrontar las repercusiones de hacerlo. Y los países que poseen estas armas, como los Estados Unidos, tienen una responsabilidad única de internarse por la senda de reducir sus arsenales y ratificar acuerdos básicos como el compromiso de no volver a realizar ensayos con ellas.

No podemos combatir una enfermedad como el zika, que no conoce fronteras (los mosquitos no respetan los muros), a menos que apliquemos de manera permanente el mismo apremio con el que hicimos frente al Ébola, reforzando nuestros propios sistemas de sanidad pública, invirtiendo en curas, combatiendo las causas que provocan la enfermedad y ayudando a los países más pobres a desarrollar infraestructuras de sanidad pública.

Solo podremos erradicar la pobreza extrema si los objetivos de desarrollo sostenible que hemos establecido dejan de ser meras palabras sobre papel. El ingenio humano nos brinda hoy la capacidad de alimentar a los hambrientos y de dar a nuestros hijos, incluidas las niñas, la educación que es la base de la oportunidad en nuestro mundo. Sin embargo, no solo hemos de defender estos objetivos con palabras, sino también con inversiones.

Y solo podremos hacer realidad la promesa de uno de los principios fundadores de esta institución, sustituir los estragos de la guerra por la colaboración, si países poderosos como el mío aceptan limitaciones. En ocasiones se me critica en mi propio país por profesar mi creencia en las leyes internacionales y las instituciones multilaterales. Pero estoy convencido de que, a largo plazo, ceder cierta libertad de acción, sin renunciar a nuestra capacidad de protegernos o de perseguir nuestros intereses nucleares, sino vinculándonos a las reglas internacionales a largo plazo, potencia nuestra seguridad. Y creo que eso no solo es aplicable en nuestro caso.

Si Rusia continúa interfiriendo en los asuntos de sus vecinos, tal vez gane popularidad dentro de sus fronteras e impulse el fervor nacionalista durante un tiempo, pero acabará por reducir su estatura y hacer que sus fronteras sean menos seguras. En el mar de la China Meridional, una resolución pacífica de las disputas con base legal conllevará mucha más estabilidad que la militarización de unos cuantos peñones y arrecifes.

Todos somos accionistas de este sistema internacional y todos debemos invertir en el éxito de las instituciones a las cuales pertenecemos. La buena noticia es que muchos países han demostrado qué tipo de progreso es posible cuando cumplimos estos compromisos. Repasemos todo lo que hemos conseguido en los pasados pocos años.

Juntos hemos movilizado a unos cincuenta mil soldados adicionales de las tropas de mantenimiento de la paz de la ONU, a quienes hemos hecho más perspicaces y hemos equipado y preparado mejor para hacer frente a emergencias. Juntos establecimos una Alianza para el Gobierno Abierto con el fin de que, cada vez más, la transparencia otorgue más poder a un número creciente de personas en todo el mundo. Y juntos, ahora, tenemos que abrir nuestros corazones y adoptar medidas adicionales para ayudar a los refugiados que buscan desesperadamente un hogar.

Todos deberíamos dar la bienvenida a las promesas de una mayor asistencia que se han realizado en esta reunión de la Asamblea General. Ahondaremos en ello a lo largo de la tarde. Pero tenemos que seguir avanzando, incluso cuando haya que adoptar decisiones políticas impopulares. Porque, en los ojos de los hombres, mujeres y niños inocentes, quienes, sin tener culpa alguna, se han visto obligados a huir de todo lo que conocen y de todo lo que aman, debemos tener la empatía de vernos a nosotros mismos. Tenemos que imaginar qué pasaría con nuestras familias, con nuestros hijos, si sucediera lo inenarrable. Y todos deberíamos entender que, en última instancia, nuestro mundo será más seguro si estamos preparados para ayudar a los necesitados y a los países que sobrellevan la carga más pesada de acomodar a estos refugiados.

En la actualidad, son muchos los países que hacen lo correcto. Pero hay muchos otros, incluidos aquellos bendecidos con riqueza y con las ventajas de la geografía, que pueden esforzarse más por echar una mano, incluso aunque insistan en que los refugiados que llegan a sus países deben esforzarse más por adaptarse a las costumbres y las convenciones de las comunidades que les proporcionan un hogar.

Permítanme concluir afirmando que soy consciente de que la historia narra un relato distinto del que yo he presentado aquí hoy. Existe una visión mucho más lúgubre y cínica de la historia que podemos adoptar. Con excesiva frecuencia, a los seres humanos los motiva la codicia y el poder. Durante gran parte de la historia, los grandes países se han impuesto a los países más pequeños que los rodeaban. A menudo, tanto a tribus como a grupos étnicos y a Estados-nación les ha convenido más definirse por lo que odian que por las ideas que los vinculan.

Una y otra vez, los seres humanos han creído que finalmente habían llegado a un periodo de entendimiento, tras el cual han vuelto a repetirse ciclos de conflicto y padecimiento. Quizá sea nuestro destino. Debemos recordar que las decisiones de seres humanos individuales condujeron a dos guerras mundiales. Pero también debemos recordar que las decisiones de seres humanos individuales crearon las Naciones Unidas para que nunca más volviera a producirse una guerra de esas características. Cada uno de nosotros, en tanto que representantes políticos, y cada país podemos elegir rechazar a quienes apelan a nuestros peores impulsos y acoger a quienes invocan los mejores. Porque hemos demostrado que sabemos elegir una historia mejor.

Sentado en la celda de una prisión, un joven Martin Luther King, escribió: «El progreso humano nunca discurre por la vía de lo inevitable. Es fruto de los esfuerzos incansables de hombres dispuestos a trabajar con Dios». Durante el transcurso de estos ocho años, con ocasión de mis viajes a muchos de sus países, he visto ese espíritu en nuestra juventud, una juventud más educada y más tolerante, más inclusiva y más diversa, y también más creativa que nuestra generación; una juventud más empática y compasiva con los demás seres humanos que las generaciones previas. Y es cierto, en parte eso se debe al idealismo de cuando se es joven. Pero también emana del acceso que los jóvenes tienen a la información acerca de otras poblaciones y lugares, una comprensión única en la historia de la humanidad de que su futuro está ligado a los destinos de otros seres humanos en otra parte del mundo.

Pienso en los miles de trabajadores sanitarios de todo el mundo que se ofrecieron voluntarios a combatir el Ébola. Recuerdo a los jóvenes emprendedores a quienes conocí que están echando a rodar nuevas empresas en Cuba y a los parlamentarios que hace apenas unos años eran presos políticos en Birmania. Pienso en las niñas que han afrontado escarnios o violencia solo por asistir a la escuela en Afganistán, y en los estudiantes universitarios que iniciaron programas en línea para rechazar el extremismo de organizaciones como EEIL. Y saco fuerzas de la juventud estadounidense, emprendedores, activistas, soldados y nuevos ciudadanos, quienes están rehaciendo nuestro país, sin dejarse constreñir por viejas costumbres ni viejas convenciones y que, libres de la responsabilidad de mantener el *statu quo*, se preparan para alcanzar la realidad que propugnan.

Mi propia familia está compuesta del cuerpo y el alma, de las tradiciones, culturas y fes de muchas regiones distintas del mundo, tal como los Estados Unidos se han construido gracias a inmigrantes procedentes de todas las orillas. Y en mi propia vida, en este país, como presidente, he aprendido que nuestras identidades no tienen por qué definirse en oposición a otras, sino por la creencia en la libertad, en la igualdad y en la justicia.

Abrazar estos principios como universales no socava el orgullo ni el amor que siento por los Estados Unidos, sino que los apuntala. Mi convicción de que estos ideales son aplicables a todo el mundo no rebaja mi compromiso con ayudar a quienes se parecen a mí, a quienes practican mi religión o a quienes juran fidelidad a mi bandera. Sin embargo, mi fe en esos principios sí me obliga a ampliar mi imaginación moral y a reconocer que la mejor manera de servir a mi propio pueblo y de cuidar a mis propias hijas es asegurándome de que mis acciones persigan el bien para todo el mundo y para todos los niños, para sus hijas y para sus hijos.

Esta es mi creencia: que todos debemos trabajar con Dios. Y que nuestro liderazgo, nuestros Gobiernos y las Naciones Unidas deberían reflejar esta verdad irreducible.

Muchas gracias. *[Aplausos.]*

9 de noviembre de 2016

DECLARACIONES DEL PRESIDENTE
SOBRE LA VICTORIA DE DONALD TRUMP

Jardín de las Rosas, Casa Blanca
Washington, D. C.

EL PRESIDENTE: Buenas tardes a todos. Ayer, antes de que se efectuara el escrutinio de votos, grabé un vídeo, que algunos quizá hayan visto, en el que decía a los estadounidenses: «Con independencia del bando que hayáis apoyado en estas elecciones, con independencia de si vuestro candidato ha ganado o perdido, el sol saldrá por la mañana».

Y lo cierto es que ese pronóstico se ha cumplido. Hoy luce el sol. Sé que esta ha sido una larga noche para todos. También lo ha sido para mí. Tuve ocasión de hablar con el presidente electo, con el señor Trump, la pasada noche –serían aproximadamente las tres y media de la madrugada–, para felicitarle por su victoria en estas elecciones. Y tuve la oportunidad de invitarle a que viniera mañana a la Casa Blanca para hablar y asegurarnos de que el relevo entre ambas Presidencias se efectúe satisfactoriamente.

No es ningún secreto que entre el presidente electo y yo existen diferencias muy importantes. Pero recuerden que, hace ocho años, existían diferencias igualmente importantes entre el presidente Bush y yo. Sin embargo, el equipo del presidente Bush no podría haber sido más profesional y más amable a la hora de garantizar una transición fluida que nos permitiera poner de inmediato manos a la obra. Y si de algo te das cuenta rápidamente en este trabajo es de que la Presidencia, y la Vicepresidencia, está por encima de cualquiera de nosotros.

Por tanto, he dado instrucciones a mi equipo para que sigan el ejemplo que el equipo del presidente Bush nos dio hace ocho años, y para que trabajemos tan intensamente como sea posible a fin de garantizar un perfecto relevo con el presidente electo; porque ahora todos le apoyamos y le deseamos éxito en la tarea de unir y liderar el país. Las transiciones de poder pacíficas constituyen uno de los sellos distintivos de nuestra democracia. Y, en los meses venideros, así vamos a demostrárselo al mundo entero.

También pude hablar la pasada noche con la secretaria de Estado Clinton y tuve ocasión de oír sus impresiones. No podría estar más orgulloso de ella. Ha tenido una vida de extraordinaria dedicación al servicio público. Fue una magnífica primera dama. También fue una excepcional senadora por el estado de Nueva York. Y no podría haber sido una mejor secretaria de Estado. Me siento orgulloso de ella. Son muchos los estadounidenses que la admiran. Su candidatura y nominación han sido históricas y, en todo el país, han transmitido a nuestras hijas el mensaje de que pueden llegar al más alto nivel en la política. Tengo la absoluta seguridad de que tanto ella como el presidente Clinton continuarán realizando un gran trabajo por la gente de los Estados Unidos y de todo el mundo.

Ya sé que todo el mundo está triste cuando su bando pierde las elecciones. Pero, al día siguiente, lo que debemos recordar es que todos formamos parte del mismo equipo. Esto no es más que un partido de entrenamiento entre nosotros. No somos ante todo demócratas. Ni somos ante todo republicanos. Ante todo somos estadounidenses. Ante todo somos patriotas. Todos deseamos lo mejor para este país. Eso es lo que oí la pasada noche en las palabras del señor Trump. Eso es lo que oí cuando hablé con él directamente. Y me infundió aliento. Eso es lo que necesita el país: un sentimiento de unidad; un sentimiento de inclusión; el respeto a las instituciones, a nuestro modo de vida, al Estado de derecho; y el respeto mutuo entre todos nosotros. Yo espero que el señor Trump mantenga ese espíritu durante este periodo de transición, y desde luego espero también que sea esa la forma en que pueda empezar su Presidencia.

Hoy también le he dicho a mi equipo que mantenga bien alta la cabeza, porque la fantástica labor que día tras día ha llevado a cabo –a menudo sin demasiado bombo ni atraer demasiada atención–, su trabajo en los diferentes organismos, o ese trabajo en oscuros ámbitos de la política que hace que el Gobierno funcione mejor, con una mayor capacidad de respuesta y mayor eficiencia, con un mejor servicio al ciudadano para resultar útil a más gente; ese fantástico trabajo le ha dejado al próximo presidente un país mejor y más fuerte que el que teníamos hace ocho años.

Así que, hayamos ganado o perdido estas elecciones, esa ha sido siempre nuestra misión. Esa ha sido nuestra misión desde el primer día. Y todos los miembros de mi equipo deberían sentirse extraordinariamente orgullosos por todo lo que han hecho, al igual que todos los estadounidenses que he tenido oportunidad de conocer por todo el país, personas que llevan a cabo el duro trabajo de hacernos avanzar más cada día. Los maestros de escuela, los médicos de los servicios de urgencias, las pequeñas empresas que lo dan todo para levantar un proyecto y que se preocupan de tratar bien a sus empleados. Todo ese importante trabajo que hacen las madres y los padres y las familias y las congregaciones religiosas de cada estado: el trabajo de perfeccionar nuestra unión.

Esta ha sido una campaña larga y muy disputada. Muchos compatriotas están hoy exultantes. Muchos otros no lo están tanto. Pero esa es la naturaleza de las campañas. Esa es la naturaleza de la democracia. Es dura, y a veces levanta controversias y alboroto, y no siempre resulta inspiradora.

Pero a los jóvenes que por primera vez se hayan implicado en la política y quizá se sientan decepcionados por los resultados, me gustaría deciros que tenéis que mantener el ánimo alto. No caigáis en el cinismo. No se os ocurra pensar que vuestra opinión no cuenta. Como la secretaria de Estado Clinton ha dicho esta mañana, vale la pena luchar por lo que es justo.

En ocasiones, se pierde una disputa. En ocasiones, se pierden las elecciones. El camino que ha recorrido este país nunca ha sido una línea recta. Nos hemos movido en zigzag, y a veces lo hemos hecho de forma que unos pensaban que avanzábamos y otros que retrocedíamos. Y está bien que así sea. He perdido elecciones antes. Joe no lo ha hecho. *[Risas.]* Pero en fin...

[El vicepresidente Joe Biden se santigua.] [Risas.]

Así que he estado más o menos...

EL VICEPRESIDENTE: Recuerda que me diste una paliza.[1] *[Risas.]*

EL PRESIDENTE: Así es como la política funciona a veces. Nos esforzamos al máximo para convencer a la gente de que tenemos razón. Y luego la gente vota. Y si perdemos, aprendemos de nuestros errores, reflexionamos un poco, nos lamemos las heridas, nos sacudimos el polvo y volvemos a la pelea. Y nos empleamos a fondo. La próxima vez ponemos incluso más empeño.

---

1. Se refiere a su presencia como candidato en la campaña presidencial de 2008, de la que se retiró en las fases iniciales. Posteriormente, en esa misma campaña Barack Obama lo elegiría para acompañarle como candidato a la Vicepresidencia. [*N. de los t.*]

Lo importante, sin embargo, es que todos seguimos adelante asumiendo la buena fe de nuestros conciudadanos, porque esa asunción de buena fe resulta esencial para el vigor y el buen funcionamiento de la democracia. Así es como este país ha seguido avanzando durante doscientos cuarenta años. Así hemos ensanchado nuestros límites y promovido la libertad en todo el mundo. Así hemos expandido nuestros derechos fundacionales para hacerlos llegar a todos los ciudadanos. Así hemos llegado tan lejos.

Y por eso estoy convencido de que este increíble viaje en el que como estadounidenses nos hemos embarcado va a continuar. Y estoy deseando hacer todo lo que esté en mi mano para que el próximo presidente tenga éxito en ello. Ya lo he dicho antes: considero este trabajo como si se tratara de una carrera de relevos; coges el testigo, corres la mejor carrera posible y, con un poco de suerte, cuando lo entregas estás algo más adelante, has progresado un poco. Puedo decir que eso lo hemos conseguido, y ahora quiero asegurarme de que entregamos perfectamente el testigo, porque, en definitiva, todos estamos en el mismo equipo.

Bien, muchas gracias a todos. *[Aplausos.]*

Esta segunda edición de *Un mundo mejor para nuestros hijos*
de Barack Obama se terminó de imprimir en *Grafica Veneta S.p.A.
di Trebaseleghe* (PD) de Italia en noviembre de 2020.
Para la composición del texto se ha utilizado la tipografía Celeste
diseñada por Chris Burke en 1994 para la fundición FontFont.

Duomo ediciones es una empresa comprometida con el medio
ambiente. El papel utilizado para la impresión de este libro
procede de bosques gestionados sosteniblemente.

PEFC/18-31-226

Este libro está impreso con el sol. La energía que ha hecho posible
su impresión procede exclusivamente de paneles solares.
Grafica Veneta es la primera imprenta en
el mundo que no utiliza carbón.

Otros títulos
de la colección Nefelibata:

La simetría de los deseos,
de Eshkol Nevo

El libro de mis vidas,
de Aleksandar Hemon

Wakolda,
de Lucía Puenzo

El amante,
de A.B. Yehoshua

El vagón de las mujeres,
de Anita Nair

Cuando el emperador era Dios,
de Julie Otsuka

El bosque del cisne negro,
de David Mitchell

El fiordo de la eternidad,
de Kim Leine

Unos días para recordar,
de Marie-Sabine Roger

El atlas de las nubes,
de David Mitchell

El corazón es un lugar feroz,
de Anita Nair

Un mundo para Mathilda,
de Victor Lodato

Buda en el ático,
de Julie Otsuka

Esperando el alba,
de William Boyd

El cantar del fuego,
de A.B. Yehoshua

Donde viven los tigres,
de Jean-Marie Blas de Roblès

El amor imperfecto,
de Sara Rattaro

Diez cosas que he aprendido del amor,
de Sarah Butler

El Camino inmortal,
de Jean-Christophe Rufin

Hechizo en Nueva York,
de Suzanne Palmieri

Open,
de Andre Agassi

Elizabeth ha desaparecido,
de Emma Healey

La Sociedad literaria Ojos de Liebre,
de PasiIlmari Jääskeläinen

Alguien como tú,
de Sara Rattaro

La emperatriz de los helados,
de Anthony Capella

El guardián de la luz,
de Anita Nair

El jardinero del Rey,
de Frédéric Richaud

Momo y Marie,
de Philippe Hayat

El bar de las grandes esperanzas,
de J.R. Moehringer

El caso Eden Bellwether,
de Benjamin Wood

El señor Mani,
de A.B. Yehoshua

El ladrón de niebla,
de Lavinia Petti

Tú, yo y la vida de los otros,
de Vincent Maston

El campeón ha vuelto,
de J.R. Moehringer

Me llamo Lucy Barton,
de Elizabeth Strout

El comisario Bordelli,
de Marco Vichi

Mis momentos,
de Andrea Camilleri

A través de mis pequeños ojos,
de Emilio Ortiz